子どもの力を伸ばす 子どもの権利条約ハンドブック

文：木附千晶（臨床心理士）
　　福田雅章（一橋大学名誉教授）
監修：CRC日本＝子どもの権利条約日本
　　　（Convention on the Rights of the Child, Japan）

自由国民社

PROLOGUE
はじめに

子どもの権利とは何か

＊子どもはおとなの"家来"？

「そんなに言うことを聞けないなら、もううちの子でないから、出ていきなさい！」なんて言われたことありませんか。こんなとき、あなたはどのように感じますか？

「意見も聞かないで、いつも勝手に決めつけるんだから」と思ったり、

「ごはんも寝るところもない」とふるえあがったり、

「やっぱり自分が悪いからしかたない」と自分をなさけなく思ったりするでしょう。

　お父さんやお母さん、あるいは先生は、「みんなあなたのため」と言います。でも、もしそのとおりだとしても、「ごはんを食べさせない」「家を出ていきなさい」とか「勉強のできないダメな子ね！」なんて言われたり、「どなられたり」「無視されたり」したら、心がつぶれるほど悲しいですよね。

　おとなは大きくて、力も強くて、お金もあります。実際あ

なたたちが、毎日、ごはんを食べ、勉強したり、テレビを見たり、遊んだりできるのも、みんなおとなのおかげですよね。こんな"強〜い"おとな、どんなことがあっても"好かれた〜い"おとな。そんなおとなから、「これがあなたのためよ！」と言われたら、結局、イヤでもがまんして言うことを聞くしかありません。

"こども（＝子供）"という言葉は、もともと「おとなに従う"家来"」という意味でした。でも、本当に子どもはおとなの"家来"でいいのでしょうか？

＊子どももおとなも同じ人間

子どもがおとなの"家来"だとするなら、あたたかいごはんを食べさせてもらい、勉強をさせてもらい、いろんな物を買ってもらうかわりに、子どもは、おとなの言うことには何でも「ハイ」と従い、おとなの言うとおりにがんばる"素直なよい子"でなければならないことになります。

考えてみてください。お金をくれたり、めんどうをみてくれたりする力の強い人には、自分の思いや願いも言えず、が

まんして何でも言うことを聞かなければならないとすると、この世の中は、大金持ちで力の強い王様のようなほんの少しの人と、その人につかえる多くの奴隷のふたつに分かれてしまいます。

　そこで、今から200年ほど前、「人は、奴隷ではない。すべての人は生まれたときから平等で、一人ひとりがかけがえのない価値を持った人間である」という考えが生まれました。人である以上、すべての人がそのような人間として扱われる資格を持っていることを「人権」と呼ぶようになったのです。

　子どもも、生まれたときから、奴隷やペットのように扱われない資格があるのです。子どもはおとなの"家来"ではなく、おとなと同じ人間であり、人権を持っているのです。

＊どうして子どもの権利が必要なの？

　たしかに、子どももおとなと同じように人権を持っています。しかし、本当に「かけがえのない価値を持ったひとりの人間」として向き合ってもらっているでしょうか。毎日の生活の中で、そんなふうに感じられる子どもはほとんどいない

のではないでしょうか。どうしてでしょう？

　おとなは、自分にとって「何がかけがえのない価値か」を自分で決め、それに従って生きていく"権利"を持っています。"権利"とは、ほかの人にじゃまされないように法律で守られている力です。もしじゃまをする人がいたら、裁判所に訴えて守ってもらうことができます。そのかわり、自分で決めたことがうまくいかなかった場合には、すべて自分で責任をとらなければなりません。

　でも、子どもにはまだ"自分で決める力"も、"責任をとる力"も十分にありません。子どもは「自分で決め、自分で責任をとれるようなおとな」に向けて、だんだん大きくなって（成長して）いる最中であり、だから「子ども」と呼ばれておとなと区別されるのです。たとえ自分で決める権利を持つことができたとしても、決めたことを自分でやっていく力も、お金もありません。責任をとることもできません。それどころか、決めたことをやろうと無理をして、多くの場合自分を傷つけ、たくさんの人に迷惑をかけてしまうでしょう。

　子どもには、ひとりの人間として大切にされる資格（＝人

権)はあるのですが、おとなと同じ権利を持っても、まだそれをうまく使うことはできないのです。だからこそ、子どもには"子どもの権利"が必要なのです。

＊子どもの権利と子どもの権利条約

　子どもにとってかけがえのない価値とは、"世界でたったひとつだけの宝"として大切にされながら、どのようにして、「自分らしく生き、思いやりのあるおとなへ」と向けて大きくなる(成長する)かということです。

　1989年、ニューヨークの国連※で、世界中の国が守らなければならない子どもの権利についての約束事——「子どもの権利条約」がつくられました。そして「子どもには、自分の思いや願いを自由に出しながら大きくなる(成長する)権利」(6条、12条)があり、家や学校で子どものめんどうをみるおとなには、「子どもの願いや思いと真剣に向き合う義務がある」と定めました。

　親や先生など身近でめんどうをみる人は、子どもの発する思いや願いがどんなものであっても、「ねぇねぇ」という呼び

かけを無視したり、あたまから「バカを言うな」と拒否することは、許されなくなったのです（5条）。

　こうして、子どもは「ねぇねぇ」と「呼びかけ、向き合ってもらう」権利を使って、おとなに無視されることなく、ありのままの自分を受けとめてもらい、おとなとの対話（言葉のキャッチボール）を通しながら、自分らしく大きくなる（成長する）ことができるようになりました。つまり子どもは、ペットや奴隷ではなくなったのです。ひとりで悩んだり、苦しんだりする必要もありません。

　だからこそ、この「呼びかけ、向き合ってもらう権利」は、子どもの権利のいちばん大切なものであり、おとなに愛されながら大きくなる（成長していく）ことを子どもの力で実現していく権利なのです。

※国連：第2次世界大戦後、平和や安全の維持、人権を確かなものにするため、世界中の国々が集まってつくった国際機関です。日本は1956年に加盟。正式には国際連合と言います。

CONTENTS

はじめに──子どもの権利とは何か　002
　＊子どもはおとなの"家来"？
　＊子どももおとなも同じ人間
　＊どうして子どもの権利が必要なの？
　＊子どもの権利と子どもの権利条約

第1章
愛される権利　013
子どもの基本的権利

1-1 呼びかけ、向き合ってもらう権利　014
【意見表明権　前文、12条】

1-2 子ども期を豊かにすごし、大きくなる権利　026
【成長発達権　前文、6条】

1-3 おとなと同じように持っている権利　031
【一般人権　2条、6条、13条～16条】

第2章
自分らしく豊かに大きくなる(成長する)権利 035

子ども期を豊かにすごし、成長・発達するためのいろいろな権利

2-1 遊んだり、のんびりしたりする権利 036
　　　【休息・遊び・文化的活動への権利　31条】

2-2 自分の力を伸ばす権利 048
　　　【教育への権利　28条、29条】

2-3 愛してくれる人と暮らす権利 058
　　　【家庭で暮らす権利　前文、8条〜11条、18条、20条、21条】

2-4 健康に暮らす権利 066
　　　【健康の権利　6条、25条〜27条】

2-5 身近な人に無視されたり、なぐられたりしない権利 075
　　　【虐待・放任されない権利　19条】

2-6 だれからも自分をつぶされない権利 083
　　　【だれからも搾取されない権利　32条〜38条】

第3章

社会の中で大きくなる（成長する）権利 093
市民的自由

- **3-1** 自分の考えを持つ権利 094
  【思想・信条・表現の自由　13条〜15条】
- **3-2** 秘密を持つ権利 099
  【プライバシーの権利　16条】

第4章

特別な助けを求める権利 103
特別なニーズを必要としている子どもの権利

- **4-1** 障害を持った子どもの権利 104
  【障害を持った子どもの権利　23条】
- **4-2** 悪いことをしてしまった子どもの権利 110
  【少年司法　37条、39条、40条】
- **4-3** 難民やマイノリティーの子どもの権利 116
  【難民・先住民・少数民族・外国人の子どもの権利　22条、30条】

第5章
子どもの権利を生かすために 121
救済の権利とおとな・国・国連の役割

5-1 助けを求める権利 122
　　　──子どもが助けを求める権利

＊権利を持っているということ
＊どんな悪い子でも"お助けマン"を呼べる
＊"お助けマン"ってだれ？

5-2 おとながやらなければならないこと 124
　　　──おとなの役割と責務

＊これまでの子ども観とおとなの役割
＊新しい子ども観と新しい親の役割
＊子どもの主体性は、安心と自信と自由を感じられる
　おとなとの関係から生まれる

5-3 国がやらなければならないこと 127
　　　──国の役割と責務

＊国による子どもの権利条約の実現義務
＊子どもの権利を尊重しない日本
＊日本の発展は子どもの権利の保障から

5-4 国連がやらなければならないこと　129
　　──国連の役割と責務
　　＊世界に広まった「子どもの権利」
　　＊「子どもの権利」とは？
　　＊子どもの権利委員会

5-5 国連への報告審査制度と勧告　132
　　──国と子どもと市民ＮＧＯと国連が一体となって
　　＊国連による子ども状況の審査
　　＊報告審査制度における市民ＮＧＯの役割
　　＊国連予備審査での市民ＮＧＯの意見表明
　　＊国連「子どもの権利委員会」での子どもの意見表明
　　＊ＤＣＩ日本（現ＣＲＣ日本）が引き出した画期的な勧告
　　＊新しい社会の創造に向けて

子どもの権利条約全文（政府訳）　136

COLUMN

「子どもの声を国連に届ける会」の意見表明　023
東日本大震災を教訓に　046
格差社会で心も貧困に　056
面会交流権は大切な子どもの権利　064
児相は「幸福、愛情、理解ある家庭」になる手助けを　072
私たちにふさわしい世界　091

第1章
愛される権利
子どもの基本的権利

　生命の安全や差別されないことを大前提として、子どもにとって大切な価値（権利）は、①ひとりの人間として尊重され（尊厳の保障）、②子ども時代を楽しく豊かにすごし（成長の権利）、③自分らしさと思いやりのあるおとなへと大きくなること（発達の権利）です。

　子どもは「"ねぇねぇ"と呼びかけ、"なぁに？"と自分と向き合ってもらう」本能的な力（愛着行動）を備えています。この子どもの声に応えて、お父さんやお母さんなど身近なおとなから、そのままで受け入れられ、安心感や生きる元気などをもらうこと、すなわち「愛される」ことによって初めて、①から③の権利の実現が可能になるのです。

　でも、残念なことに、なかなかその保障が難しいのが現実です。だから子どもの権利条約は、その前文で「幸福と愛情と理解のある環境が保障されなければならない」として子どもが「愛される地位（権利）」にあることを宣言し、その12条でそれを子どもが自ら実現する具体的な権利として「呼びかけ、向き合ってもらう権利（＝意見表明権）」、すなわち「受容的な応答関係を形成する権利」を保障しているのです。これこそ最も大切な子どもの権利であり、基本的権利の中核です。

1-1
呼びかけ、向き合ってもらう権利

意見表明権　前文、12条

なんでもおとなの言うとおり?

　お父さんとお母さんは「自分の考えをきちんと持ちなさい」と言うくせに、ぼくの考えが自分たちとちがっていると必ず反対する。言い返しても「親の言うとおりにしろ。お前のために言ってるんだ」と、言うことを聞かせられる。
　学校でも同じだ。先生が望む意見はニコニコして聞いてくれるけど、そうじゃない意見には耳もかしてもらえない。
　そして先生が選んだ生徒代表の「毎朝15分の読書」とか「授業に関係ない物は持ち込まない」という提案を守らされるのはぼくら。守らないと「自分たちで決めたくせに」とおこられる。

ちゃんと話を聞いてくれるはずない

　校長先生は朝礼のたびに「いじめがあったら『いじめ意見箱』に入れなさい」と言う。

　でも、いじめがあっても、だれも投書なんかしない。そんなことしたって、ちゃんと話を聞いてくれるはずないもの。もしかしたら、「だらしがない」とおこられたり、「なさけない」とがっかりされるかもしれない。いじめっ子には「言いつけた」とよけいにいじめられるかもしれない。だけど校長先生は「『いじめ意見箱』に相談が1件もなかった」とうれしそうだ。

おもて側しか見ていないんだ

　みんな、おもて側しか見ていないんだ。毎朝、通学路の「おはよう通り」に立っているおとなたちだってそうだよ。「おはよう通り」には、同じ小学校に通う子のお父さん、お母さんや町内の人たち、市会議員の人……いろんな人が立っている。大きな声であいさつすると「元気で気持ちがいい」と喜ぶ。ときどき「ぼうしはきちんとかぶれ」とか「名札をつけないと」とか

言ってくる。でも、ぼくが下を向いていても「どうしたの？」とは聞かない。

おとなは忙しい

　おとなは忙しいから、子どもが何を思っているかなんて気づかない。お父さんは毎日帰りが遅いし、土日も会社に行くことが多いから、めったに顔を合わせない。たまに休みがあっても１日中寝ている。お母さんは、お父さんより早く帰ってくるけど、夕飯のしたくや洗濯で大変そうだ。休みの日も、そうじやアイロンがけをしている。お母さんがいちばんよく言う言葉は「早くしなさい」。ぼくが熱を出したときも、「早く治ってくれないと仕事に行けない」と、つぶやいていた。

理由があるのに！

　学校の先生も忙しい。授業中は、だれが何回手をあげたかとか、居眠りしていたとかをチェック。採点表をつけるためだ。休み時間は、校長先生に提出する書類を書いているし、放課後

は職員室でずっとパソコン作業。ぼくらの気持ちを考える余裕なんかない。

「デブのくせにまだ食ってる」とからかった子に、ぼくが給食を投げつけたときも、先生は何も聞かないでなぐった。くやしくて涙が出そうになったけど、がまんした。泣いたってわかってくれるはずないから。

抱きしめてくれた！

ちがったのは学童保育※の指導員のお姉さんだけ。先輩に言われてやった万引が見つかったときも、お姉さんだけは「どうしてそんなことしたの？」と聞いてくれた。先生やお母さんは理由も聞かないでおこっただけだったけど、お姉さんは「そうだったんだ。大変だったね」と抱きしめてくれた。

でも、もうお姉さんはいない。学童保育がなくなって、「にこにこ教室」になったから。「にこにこ教室」には、今までずっといたお姉さんみたいな指導員の代わりに、アルバイトの人が日替わりで来ている。でも、子どもは前の5倍もいるし、毎日会うわけじゃないからぼくの顔なんて覚えていない。お姉さんが

いなくなってから、ぼくは学童保育に行かなくなった。アルバイトの人たちは「ああしなさい」「これはダメ」と、ほかのおとなと同じようなことしか言わないから。

※学童保育：両親が働いていたりして放課後は家にいない小学生（主に低学年）が通う場所。

呼びかけ、向き合ってもらう権利

意見表明権 | いけんひょうめいけん

自分の思いや願いを

子どもは、自分と関係のあるすべてのことについて、自分流のやり方で、自分の思いや願いを「意見」として自由に「表明する」権利があります。そして子どもにかかわる身近なおとなは、その意見にていねいに応答する義務があるのです。

"気持ち"だって「意見」

「意見」とは、発表会での演説や会議でのすごい発言、みんなが感心するような考えなどのことだけではありません。あなたが、今感じている思いや願い、さらにはもやもやした気持ちなどすべてをふくみます。

伝えることが「表明」

　意見「表明」とは、お父さんやお母さんなど世話をしてくれる身近なおとなに、あなたの思いや願い、気持ちを何らかの形で伝えることです。うまく言葉にできなくて、泣いたり、物にあたったり、だまってじっと下を向いていること、眠くなった赤ちゃんが「おぎゃー」と泣くこと、それらも立派な意見「表明」です。子どもは、今できるせいいっぱいのやり方で身近なおとなに「こっちを向いてよ」と呼びかけ、自分の思いを伝えようとしているのです。

向き合わなくちゃ

　そして呼びかけられたおとなは、きちんと子どもに顔を向けなければなりません。子どもの願いを全部実現するとか、子どもの言うとおりにするのではなく、一見バカげたようにみえる思いや願いに対しても、「どうしたの？」「そうだったんだ。大変だったね」と顔を向けて、ていねいに応答する義務があるのです。

おとなの都合
　子どもの呼びかけをそのままで受けとめ、向き合うことはとても大切です。もしおとなが、「うるさい」とか「忙しい」などと言って無視したり、きちんと向き合わなかったりしたら、子どもは「意見」を伝えることをやめてしまいます。そんな経験が重なれば、おとなが喜ぶ"いい子"になろうとがんばったり、おとなに反抗して悪いことばかりする子どもになってしまったりします。

おとなになる途中
　これでは、子どもの心や体は、元気に大きくなることはできません。子どもは、"ありのままの自分"を受け入れてもらうことによって初めて、「ここにいていいんだ」という安心感や、「自分は大切なんだ」という自信を持つことができるようになるのです。そして、こうした感覚を持ちながら、自分自身の大きくなる過程（成長・発達）に参加することができて初めて、社会で"一人前の人間"として生きていくために必要な力……ほかの人の気持ちがわかる力、ほかの人のために

何かをしようとする力、何かに興味を持ってやってみたいと思う力、自分のやったことに責任を持つ力など、自分らしい考えや思いを持つ力……を獲得できるのです。

心のエネルギー
　このように、「意見を表明する」権利とは、身近な人に「ねぇねぇ」と呼びかけて、自分に顔を向けてもらう"力"、言い換えると、子どもが自分の力で人間関係をつくり、無視されずにひとりの人間として尊重され、"一人前のおとな"になるために必要な"心のエネルギー"をはぐくみ、自分の子ども期に参加しながら大きくなるための"力"そのものなのです。だから、これこそ、子どもの権利の中で最も大切な「子どもの権利」なのです。

COLUMN
おはなし

「子どもの声を国連に届ける会」の意見表明

　2010年5月、スイス・ジュネーブにある国連欧州本部で「子どもの声を国連に届けるプロジェクト」の8人が国連「子どもの権利委員会」委員に意見を表明しました。

　子どもたちはそれぞれの体験から、①シングルマザーで余裕のない母が自分と向き合ってくれないこと、②その場で必要とされる人にならないとだれからも振り向いてもらえない現実があること、③受験競争に明け暮れ一個人として見てくれない先生たちのこと、④競争ばかりの学校で「明るいバカ」のキャラをつくって自分をごまかしてきたこと、⑤子どもの話を聞かず体罰や暴言を吐き、不登校になると「負け犬」と見捨てる先生、学校、社会のこと、⑥学校での話し合いはおとなに合わせる場でしかなかったこと、⑦高校で自分を受けとめてくれる先生と出会い、初めて自分や人を好きになれたことなどを話し、総論として「ひとりぼっちにしないで！」

と訴えました。
…………
　私たちの日常は、本来なら計ることなどできない性格面までも評価対象にされています。「落ちこぼれ」の評価を受けても、すべては自己責任となります。苦しさをだれかに打ち明けたくとも余裕のないおとなたちに「ねえ、私つらいよ」なんて言えません。
　子ども同士でも同じです。私たちは「苦しくてあたりまえ」という奇妙な連帯感に縛られていて、へたに声を発すれば嫉妬や恨みを買ってしまうので、自分の本当の心を殺し、お互いに演技を続けています。私たちは自分の要求や欲求を口に出せないことよりも、ひとりだけ浮いてしまうことのほうが怖くて、人間関係に臆病になり、関係性が壊れることを恐れて、「発言」することを避けます。
　周囲がどう自分を評価しているかを気にするあまり、存在するかどうかもわからない「他人の感情」に怯え、他人と同調し、いつしか自分の感情さえもわからなくなる──。そんな不気味な関係の中で生きています。
　子どもたちには、もはや「自らの意見を表明しよう」なん

ていう意思すらありません。たとえ意見表明ができてもそれを真剣に受けとめてくれる土台はとうに崩壊しています。行き場のない私たちは「ひとりで問題と向き合うのか、このまま自らの思考を停止し感情を失ったまま生きていくのか」という究極の選択を迫られていますが、どちらを選択してもひとりぼっちになるだけです。

　人はひとりぼっちでは絶対に生きていけません。だれかに頼り、弱音を吐きそれを受けとめてくれるからこそ私たちは人間として生きていけるのです。どこかに本音でぶつかり合える関係性があれば私たちは感情を殺したり、声を抑制する必要はないはずです。孤独の淵に立たされた私たちが欲しているのは、評価をし、だれかと比べるのではなく、たったひとり「私」としての存在を認め、その成長、感情に真摯に向き合ってくれる確かな関係性です。どうか私たちをひとりぼっちにしないでください！

1-2
子ども期を豊かにすごし、大きくなる権利

成長発達権 前文、6条

カブトムシが大好き！

　私はカブトムシが大好き。夏になると神社や公園、キャンプ場でカブトムシをつかまえる。

　小さいころは、飼い方がわからなくて、すぐに死なせてしまったけど、今は大丈夫。カブトムシの本をいっぱい読んだし、お父さんが休みの日は、いっしょに調べたり、昆虫博物館に連れていってくれたりするからすごくくわしくなったの。

　小学校に入ったころは、「女のくせにカブトムシが好きなんておかしい」とクラスの男の子たちによく言われたけど、今はみんな、私に飼い方を聞いてくる。

お母さんが言うには、私は生まれてすぐのころからカブトムシが好きだったんだって。ようやく歩き始めたころ、散歩をしていてカブトムシを見つけると、いつも立ち止まって、いなくなるまで見ていたんだって。「いくら言っても動こうとしないから、つきあって見ていたお母さんも真っ黒に日焼けしちゃったのよ」と、お母さんは笑う。

お母さんは虫が嫌いだけど

　じつは、お母さんは、虫が大嫌い。でも、私が飼っているカブトムシは大事にしてくれる。転校する友だちにプレゼントしようと思って学校に持っていったカブトムシを「授業と関係のない物を持ってきた」と、先生に取り上げられたときも、先生に電話をして、私が学校に持っていった理由を説明してくれた。
　そのことがあってから、私は、お母さんが育てているお花に水をあげるようになった。私がカブトムシのことを大切に思っているように、お母さんにはそのお花がとっても大事なのかもしれないと思えてきたの。

将来は昆虫博士に？

　私はどこに行くときも、いつもカブトムシの本を持っていく。そんな私を見て、お父さんとお母さんは、「きっと将来は昆虫博士だね」と言う。
　私も最近、「カブトムシの研究者になれたらいいな」と思い始めた。だから少しだけ、苦手な算数や国語も勉強するようになった。大学に行って、カブトムシのことをもっともっと知りたいから。

子ども期を豊かにすごし、大きくなる権利

成長発達権｜せいちょうはったつけん

成長発達権とは？

あなたは強い人の前で何でも「はいはい」と従うようなおとなや、悪いことをしたり、人を困らせて、人から嫌われるようなおとなになりたいですか。おそらく「そんなのイヤだ！」と答えるでしょう。そう、すべての子どもは「世界中でたったひとつしかない宝として光り輝き、他人からも喜ばれながら生きられる」ようなおとなになる権利を持っています。これを成長発達権と言います。

おとなに従うよう育てられてきた子ども

これまで、子どもは「小さくて自分では何もできないから」などの理由で、ただおとなに従うように育てられてきました。もし、子どもが、おとなに反発したり、自分の思いや願いを

正直に言うと、「わがままで、素直でない」などとさえ言われます。しかし、そんなふうに「おとなの言うことを何でも聞く、素直なよい子」に育っても、あなたは"光り輝くおとな"にはなれません。

"光り輝くおとな"になるには
「呼びかけ、向き合ってもらう権利」（意見表明権）のところにあるように、あなた自身をそのままで受けとめてもらえる身近なおとなとの関係を通して、「生きる」安心感や「自分は大切なんだ」という確信をもらうことで、初めて"光り輝くおとな"になることができます。言い換えると意見表明権にきちんと応えてもらう過程そのものが成長発達権の実現なのです。子どもは意見表明権を使いながら──「かけがえのないひとりの人間」として尊重されながら──光り輝くおとなへと成長・発達する自らのプロセスに参加することができるようになるのです。

1-3
おとなと同じように持っている権利

一般人権　2条、6条、13条〜16条
いっぱんじんけん

男の子だから？　女の子だから？

私はずっとおばあちゃんといっしょの部屋なのに、弟は幼稚園に入ったときに自分の部屋をもらった。「男の子だから」。弟は、夕飯の片づけやそうじをしなくてもいいのに、私が食器を下げないとおこられる。「女の子なんだから」。

どうして分けるの？

でも、弟も大変そうだ。泣いて帰ってくると「男のくせに！しっかりしなさい」と言われている。

ぬいものも料理も嫌いじゃない。でも、女の子ができたほうがいいことは、男の子もできたほうがいいんじゃないかと思う。逆に、女の子だってしっかりしていたほうがいい。

男の子だけ特別扱い

弟が生まれたときは、「ようやく後継ぎができた」と、親戚中でおおさわぎだった。お母さんに、「弟じゃなくて妹だったら、あんなに喜ばなかったの？」と聞いたら、「女の子なら産まなかった」と言われた。

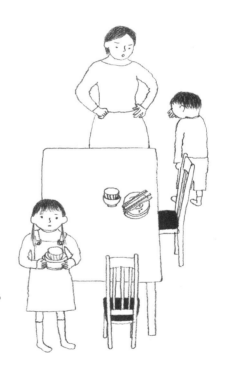

もし弟が先に生まれて、私が後に生まれていたら、私は産んでもらえなかったのかな。なんで男の子だけ特別扱いするの？

おとなと同じように持っている権利

一般人権 | いっぱんじんけん

すべての人に人権はある

　子どもも、おとなも、すべての人は、生まれたときから、「かけがえのない価値を持ったひとりの人間」として尊重される地位を持っています。この地位を自分で生活の中に生かしたり、ほかの人から妨害されないように法律で守られている"力"を人権（権利）と言います。

子どもだけが持つ特別な権利

　その中でも、①命や体を傷つけられない権利、②正当な理由なしに差別されない権利、③貧困や病気のときに助けてもらう権利、などは、子どもも、おとなと同じように持っています。
　でも、子どもにはまだ、④世界でたったひとりの人間とし

て自分らしく生きていく地位や、⑤社会の政治に参加する地位などを、おとなと同じように使うことはなかなかできません。だから子どもには、おとなとはちがう"子どもの権利"が必要であり、それを通じて世界でたったひとりの人間としての地位が守られるのです（129〜130ページ参照）。

第2章
自分らしく豊かに大きくなる（成長する）権利

子ども期を豊かにすごし、成長・発達するためのいろいろな権利

　子どもはみんな、自分らしく生き、また、ほかの人といっしょに社会で生きていくために必要な、いろんな力を持って生まれてきます。ただ、これらの力が十分に花開くかどうかは、子ども時代に、無視されたり、なぐられたりすることなく愛してくれるおとなと出会い、楽しく学び、遊び、活動し、のんびりすることができるかどうかにかかっています。そのためには、自分の思いや願いを存分に表しながら、自分が大きくなる（成長する）過程に主人公として参加できることがどうしても必要です。

2-1
遊んだり、のんびりしたりする権利

休息・遊び・文化的活動への権利 31条

きゅうそく・あそび・
ぶんかてきかつどうへのけんり

英語を習っている

ぼくは小学校2年生から英語を習っている。英語の先生が「毎日話さないと身につかない」と言ったから、なるべく家でも英語を使う。そうするとお父さんもお母さんも機嫌がいいんだ。

ぼくはとっても忙しい

だけど、この前、田舎のおじいちゃんとおばあちゃんが泊まりにきたときに英語であいさつしたら、きょとんとしていた。ごはんのときも英語を使っていたら、ふたりとも、ひとことも

しゃべらなかった。ちょっと寂しかったけど、あんまり考えないようにした。だって英語以外にも学習塾やスイミング、部活もあるから。ラインの返事もすぐ返さなければならないし、ぼくには時間がないんだ。

友だちと遊べない

　習い事がなくても、空いた時間はあんまりない。学校が終わって少しおしゃべりしていると、すぐに学校が閉まる時間だ。真冬なんか、帰り道を歩いているうちに薄暗くなってしまうから、友だちと外でなんか遊べない。だいたい友だちもみんな習い事で忙しいからね。

いろんな催しもの

　「お母さんが小学生だったころは、文化祭や運動会の練習も、もっと時間をかけてやっていたからいろんな出し物があったわ。ほかにも演劇発表会やらドッジボール大会やら、いろんな催しものがあったの。遠足も年に２回以上あったし……」と聞いて、

そのことを先生に言ったら「代わりに毎年1回、芸術鑑賞会に行けるようになったでしょ」と言われた。
　そういえば去年は、電車に乗ってイタリアのオペラとかいうものを見にいった。でも、声の高い女の人がすごいドレスを着て出ていたことしか覚えていない。始まってすぐに眠ってしまったからかな。

いつも眠いんだ

　ぼくはいつも眠くてしかたがないんだ。習い事から帰って宿題をやると、毎日少ししか眠れない。土曜日だってそうだ。公民館で近所のおじさんが竹とんぼなんかを教えてくれる「遊び塾」や、公園のゴミ拾いとかをするボランティアをしないといけないから。
　「そういう"いいこと"にいっぱい参加すると、先生にほめられるよ」とお母さんが言う。どうしてお休みの日にボランティアをするとほめられるのかわからないけど、先生に嫌われたくないから毎週早起きして行っている。

遊びたいな

　日曜日だけはやることが決められていない。でも、いちばん仲良しの友だちがお父さんの転勤で引っ越してしまってからは、家でゲームをすることが多い。ちょっとだけゴロゴロもする。でも、そうするとお母さんが「怠け者になる」とうるさい。
　本当は大好きな野球をしたいけど、公園はボール遊び禁止だし、去年まで使っていた空き地はマンションが建つことになって立ち入り禁止になった。「遊び塾」で竹とんぼをつくっても、飛ばす場所さえないんだ。

日曜日くらい休みたい

　クラスには日曜日も習い事をしている子がいる。クラスでいちばん勉強ができる子で、お母さんに連れられて塾とサッカー教室をかけ持ちしているんだって。この前、その子が「塾とサッカー教室の合間はいつも公園に行くんだ。そこでお昼ごはんを食べて、少しだけ遊ぶ。お母さんは『1時間しかないんだから、きちんと遊びなさい』って言うけど、やりたいことなんかぜん

ぜん浮かばない。日曜日くらい休みたいよ」と言っていた。

楽しかったな〜！

　ぼくもときどき何もしたくなくなる。そんなときは田舎のおじいちゃんの家を思い出す。おじいちゃんの家では、落ちている木やがらくたを使って、近所の子と秘密基地をつくった。ザリガニとりも楽しかった。おじいちゃんの畑のトマトはおいしかったなぁ〜。庭の土をこねて形にして、炭焼き小屋で焼いてもらったりもした。

　飽きたら昼寝。縁側で寝ころんでいたとき、山の上を大きな黒いモノが動いていくのを見て「怪獣だ」と騒いだら、おばあちゃんが「雲の影だよ」と笑った。雲の形が変わるのがおもしろくて、ぼくは何時間も空を見上げていた。

　だけど今は、やらないといけないことがいっぱいあるから、おじいちゃんの家にも行けない。「あ〜あ、休みたいな!!」

遊んだり、のんびりしたりする権利

休息・遊び・文化的活動への権利 | きゅうそく・あそび・ぶんかてきかつどうへのけんり

大切な「遊び」

子どもには、自分がしたいと思うことや楽しいと思えることを飽きるまでやったり、何もしないでのんびりと寝ころがったりする権利があります。なぜなら、そうした「遊び」（「余暇」）と呼ばれる時間を通して、子どもは体や心、頭脳を発達させていくからです。そうした時間は、子どもが生まれながらにして持っている"生きていくために必要な力"を伸ばすためにとても大切なのです。

ぼーっとすることも「遊び」

そのための「遊び」とは、体を鍛えるようなことだけではありません。おもしろそうなことを試すこと。何かに夢中になること。立ち止まって考えること。友だちといっしょに時

間を忘れて何かをすること。あなたが「やってみたい」とワクワクしたり、「楽しい」と思えたり、ぼーっとしたりすることは、どれもとても大切な「遊び」です。

思い出も支えになる
　自分から何かをやってみた経験は、新しいことに挑戦する勇気や知らないことを学びたいという思いの"もと"になります。楽しい思い出は、大変なことにぶつかったときに、前向きに乗り越えていく支えになります。自分で決めたことをやりとげられた経験は、「自分には力がある」という自信を生みます。

何度でもやり直しがきく
　まちがえたり、やりとげられなかったとしても大丈夫。人生は何度でもやり直しがきくのです。失敗した経験は「どうしてかな？」と考えることや、ほかの人と協力すること、そのための人とのつきあい方を教えてくれるでしょう。がんばりすぎて疲れたら、ゆっくり休むことも大事です。自分を大

切にする方法を学ぶことも、おとなになるために欠かせない準備なのです。

ワクワクする気持ちは生きていく力

こうした"生きていくために必要な力"は、だれかに決められたり、押しつけられた「遊び」からはけっして生まれてきません。

同じことは芸術や文化についても言えます。芸術とは、美しいと思う気持ちとかワクワクする感情などの"生きていくために必要な力"を表したものです。文化とは、人びとがそれぞれの地域や生活の中で育ててきた"生きていくために必要な力"を、暮らしに根づかせたものです。ですから、どんなに素晴らしい芸術や文化も、あなた自身が身近に感じ、楽しんだり、「いいな」と思ったりできなければ、あなたにとって"生きていくために必要な力"にはならないのです。

人生は始まったばかり

あなたの人生はまだ始まったばかりです。これからいろい

ろなことが起こります。つらいことや悲しいことにも出合うでしょう。死んでしまいたくなることもあるかもしれません。でも、だからこそあなたは今、いっぱい、いっぱい遊んで、文化や芸術にふれて、"生きていくために必要な力"の土台をつくることが大事なのです。

遊んだりのんびりしたい！

　けれども今の日本では、そんな「遊び」の時間がほとんどありません。でもあなたには、「遊んだりのんびりしたりする時間や場所、文化や芸術にふれる機会がほしい」と大きな声で言う権利があります。国は、そのためにできるかぎりの努力をする義務があります。

COLUMN
おはなし

東日本大震災を教訓に

　2011年の東日本大震災は、巨大な津波によって、また経済効率だけを考えて設置されていた福島第一原発の事故によって、2万人もの生命、被災地で暮らしていた方々の財産、日常生活、生活の拠点、さらには故郷を破壊してしまうという今までにない大きな被害をもたらしました。5年がたつ今もまだ20万人が避難生活をしています。

　この大震災が私たちに教えてくれたことは、①「命ほど大切なものはない（生命の尊厳）」ということ、そして、②「自分をありのままで受けとめてくれる人がいっしょにいてくれること（人間の尊厳＝受容的な応答関係）が何よりも大切だ」ということです。

　では東日本大震災を体験した今、このふたつはきちんと実現できているでしょうか。残念ながら「NO」です。たとえば、先生たちといっしょにいながら避難することもなく学校の校

庭に50分間止まり、全校生徒108人中74名が津波にのまれて亡くなった宮城県石巻市立大川小学校の問題では、宮城県や石巻市、文部科学省は、生き残った子どもや子どもの代弁者である遺族の方々の証言（意見表明）を聞き入れず、きちんと真相を明らかにする義務を放棄しました。
　原発事故の反省もありません。国は、震災後止まっていた各地の原発を次々と動かすなど経済発展最優先の姿勢をくずしていません。そんな競争ばかりの社会の中で、おとなは子どもと向き合う余裕を奪われ、子どもは小さなころから競争に勝つ戦士へと育てられます。受容的な応答関係などできるはずもありません。集団で弱い者を攻撃したり、自分の体を売ってお金を稼ぐ子どもが出てくるのも、不思議ではありません。
　大震災で犠牲となった生命に報いるためにも、「身近な人と共感的に生きることこそ幸せの原点」とする子どもの権利条約を実践する社会へと変わっていかなければなりません。

2-2
自分の力を伸ばす権利

教育への権利 28条、29条

塾で言われたとおりに

クラスでいい成績をとるのは、塾に行っている子ばかり。塾では、テストで点数がとれる勉強法だけでなく、いい成績をとるための方法も教えてくれる。たとえば「学級委員に立候補する」とか「大きな声であいさつする」とか。

どのくらいがんばって、どんな態度で、それぞれの教科に取り組んだかを書く、「自己評価表」の書き方だって教えてくれるんだよ。

いい点数がつくんだ

　最初のころは、「思ってもいないことを書くなんていいのかな？」と思った。でも、提出しなかったり書き方がへただと、テストで満点をとっても通知表が悪くなる。先生は「正直に書けばいい」と言うけど、そんなことをしたら成績は下がるだけだ。作文や道徳といっしょだ。答えは最初から決まっている。たとえば、戦争の話だったら「二度と戦争を起こしてはいけないと思いました」と書けば二重丸。戦争がどんなものかなんて知らないけどね。

わがままって言われる

　学級会も最後は先生の思っているとおりに決まる。へたに意見を言ったら、先生に嫌われてしまうこともある。運動会の出し物を決めたときがそうだった。ひとりの子が「運動会に七頭舞※をやりたい」と言ったんだけど、「難しくて練習に時間がかかる。わがままを言うな」と、先生に取り上げてもらえなかった。その子はお兄ちゃんの小学校の運動会で七頭舞※を見て、

「カッコイイ」と思ったんだって。

　それからその子は、先生の言うことを聞かなくなった。授業中に暴れたり、わざと宿題をやってこなかったりするようになった。先生も、ほかの子にはおこらないのに、その子だけにはおこるようになった。この前なんか、体育館履きを忘れただけで、校庭を20周も走らされていた。今、その子は学校に来ていない。

平均点が下がる

　学校に来なくなったのはその子だけじゃない。少し障害のある子も来なくなった。お母さんたちの何人かが「その子がいるとクラスの平均点が下がる」と文句を言ったんだって。その子は、クラスのみんなから「おじゃま虫」といじめられていたけど、先生は見て見ぬふり。クラスの平均点が低いと先生も校長先生におこられるから。道徳の時間には「困っている人を助けよう」と習ったけど、だれもその子を助けなかった。かばって自分がいじめられたりしたくないから。

学力テスト

　かわいそうだけど、しかたない。テストの点数はとっても大事なんだ。学校全体の点数が悪いと、学校がなくなってしまうこともある。お母さんは「全国学力テスト※の順位が悪かったから、入学を希望する新入生がいなくなっちゃったのよ」と言っていた。

小中一貫校

　そうやっていくつかの学校がなくなった代わりに、きれいな屋内プールやエレベーターがある小中一貫校や、英語での授業がいっぱいある中高一貫校ができた。

　お父さんとお母さんは、「妹の受験に有利だから」と小中一貫校の近所に引っ越すことを考えている。そうしたら、ぼくは転校しないといけなくなっちゃうのに。

※七頭舞：岩手県に伝わる民俗芸能。神様の前で行う舞い（神楽舞）で、なぎなたや刀などの七つ道具を持ち、ふたりずつ14人がひと組になって7種類の踊りを踊ります。飛んだりはねたりのダイナミックな踊りです。

※全国学力テスト：公立のぜんぶの学校で行い、学校や自治体ごとの点数や順位を発表することで、学校同士・自治体同士を競争させます。正式には全国学力・学習状況調査と言います。

自分の力を伸ばす権利

教育への権利 ｜ きょういくへのけんり

生き方を大切にできる力

　子どもは、持って生まれた力をできるかぎり伸ばすために、何かを学んだり、教わったりする権利があります。

　子どもが伸ばすべき力とは、読み書きや運動、楽器の演奏など、授業で習うものだけではありません。自分の意見や考え方を持ち、自分の生き方を大切にできる力。同じようにほかの人の生き方も大切にできる力。両親から受けついだ文化を大事にしながら、ちがう文化も大事にする力。自然や平和、優しさを大切にする力なども、子どものうちに伸ばしておかなければならない力です。

豊かな人生

　そうした力がなければ、ほかの人といっしょに生活したり、

仕事をしたりしながら、幸せに生きていくことはできません。それができなければ、どんなに知識があっても、あなたの人生は豊かなものにはなりません。

楽しい学校

　だから、学校などの学びの場は、あなたが毎日行きたくなるような楽しいところであると同時に、あなたの力を十分に伸ばせるところでなくてはなりません。なぐられたり、意地悪をされたり、「へんだな」と思うことが言えなかったりする場では、自分や他人、自然を大切にしたり、学びたいと思う気持ちはわいてきません。あらそいや暴力にあふれた場では、優しさや平和の意味を感じることはできないでしょう。

国の努力

　国は、子どもが自分の力をせいいっぱい伸ばせるよう、仕組みをつくる必要があります。あらゆる学びの場を、子どもが「ねぇねぇ」と呼びかけたら、いつでも「なぁに？」と顔を向けてくれる先生がいる場にしなければならないのです。

COLUMN
おはなし

格差社会で心も貧困に

　2014年に厚生労働省が発表した「子どもの相対的貧困率」（平均的な所得の半分以下の世帯で暮らす子どもの割合）は過去最悪の16.3％。6人にひとりが貧困になっています。

　とくに生活が厳しいのは母子家庭で、年収は220万円ほど。子どものいる家庭の平均的な年収約600万円と比べ、とても低い額です。親は生活を支えることにせいいっぱいで、とても子どもに目をやることなどできないでしょう。

　これでは大学まで進学するとすべて公立の場合でも約1000万円になるとされる教育費などとうてい払えません。ほかの先進諸国に比べ、日本の奨学金制度もお粗末です。受けた教育は子どもの将来に大きな影響を与えますが、教育にお金を使うことができる家庭に生まれるかどうかで受けられる教育の質に差が生じ、格差が世代を超えて受けつがれていきます。

　こうした社会の中で、貧しい家庭に生まれた子は早々に夢

をあきらめざるをえません。
　一方、ある程度の余裕がある家庭の子どもも、小さなころから「競争から脱落して貧乏にならないように」とお尻をたたかれてばかり。思いや願いを受けとめてもらうことで育つ自己肯定感（「自分は価値がある」という感覚）は育たず、自尊心も低くなります。アメリカ、中国、韓国と共同で2014年秋に実施された高校生を対象とする調査で、「自分はダメな人間だと思うことがある」など自分の否定的なイメージを問う項目で日本がダントツトップ（7割以上）になっているのが、何よりの証拠です。

2-3
愛してくれる人と暮らす権利

家庭で暮らす権利 前文、8条〜11条、18条、20条、21条

国籍がない

　新学期になったばかりのころ、日本人のお父さんとタイ人のお母さんを持つ女の子が転校してきた。生まれたときから日本に住んでいるのに、日本の国籍※がもらえないんだって。お父さんが「自分の子ども」と認めてくれなかったから。その女の子は「いつかお母さんは無理やりタイに帰されてしまうかもしれない。そのとき、私はどうなるんだろう。お母さんと離れて別な家の子になるか、お母さんといっしょに言葉もわからない国に行くことになるのかな」と、不安そう。

幸せじゃない

　今、その友だちは児童養護施設※にいる。お母さんが病気で働けなくなったから、週末だけお母さんのところに帰る生活なんだって。
　でも、家庭で育っているからって幸せなわけじゃない。私は里親家庭※に引き取られたけど、ぜんぜん幸せじゃないもの。

規則ばっかり

　私の今のお父さんとお母さんはすごくまじめで、きびしいの。大学の先生だからかな？　いつも「ああしなさい」「こうしなさい」と言っていて、部屋には家の規則がはってある。
　お父さんとお母さんが選んだ服を着て、ふたりの好きなピアノ教室に通って、いい成績をとって、言うことを聞いているとかわいがってくれる。でも、ほんの少しでも思いどおりにならないと、ぶったり、「お前なんかいらない」と言ったりする。

血のつながり

友だちは「お父さん、お母さんが大学の先生なんてカッコイイ」と言うけど、今の家に引き取られたことをあまりよかったとは思っていない。ときどき「タイに行かされるかもしれない友だちのほうが幸せかも」と思うこともある。だってその友だちには、血のつながった優しいお母さんがいるんだもん。

本当のことが知りたい

私の本当の両親が生きているのかどうか、だれも教えてくれない。今の両親に聞いたら、「この家に不満があるのか」と、ものすごくおこられた。本当のお父さん、お母さんはどんな人なのか知りたいと思うことはいけないことなの？

※国籍：人が特定の国の国民であるという身分や資格のこと。それがないと、国に守ってもらったり、国や自治体のサービスが受けられなかったりします。

※児童養護施設：子どもを育てることができない保護者に代わって、子どもに生活の場や成長に必要なものを提供する場所。原則として2歳から義務教育期間中の子どもが対象となります。

※里親家庭：子どもを育てることができない保護者の代わりに、都道府県知事の認定を受けて子どもを家族の一員として迎え、育てる家庭のこと。養子縁組とはちがいます。

愛してくれる人と暮らす権利

家庭で暮らす権利｜かていでくらすけんり

愛されて育つ権利

　子どもはどこで生まれても、どんなことがあっても、"世界でたったひとつだけの宝"として、愛されて育つ権利があります。"世界でたったひとつだけの宝"であるすべての子どもは、世界のどこにいても自分らしく、国の助けを受けながら生きていけるように、名前や国籍を持つ権利があります。

　親となったおとなには、"世界でたったひとつだけの宝"である子どもが、すくすくと育つことができるよう、愛情を注いだり、身の回りのことを整えたりする義務があります。

　そして国には、両親がともに働いていたり、お父さん、お母さんのどちらかがいなかったりしても、すくすくと子どもが育つよう、親を助けたり、力づけたりする義務があります。

国の役割

　お父さんやお母さんがあなたを虐待したり、病気でめんどうをみられなかったりなど、よほどのことがないかぎり、あなたは両親と引き離されることはありません。何か特別な理由があって、今あなたが、お父さん、お母さんと別々に暮らしているときは、将来いっしょに暮らすことができたり、望んだときに会うことができたり、両親のことを知ることができるように、国が手助けしなければいけません。それは、両親のどちらかが日本人でなかったり、あなたと別の国に住んでいても同じことです。

　もし、どうしても親が子どもを育てられないとき、国は、家庭のように安心して暮らせる場所や、お父さん、お母さんに代わってあなたをかわいがったり、世話をしてくれるおとなを用意しなければなりません。

COLUMN
おはなし

面会交流権は大切な子どもの権利

　今や「3組にひと組が離婚する時代」とも言われ、ひとり親家庭は100万世帯を超えています。しかし、子どもが、離れて暮らす親（別居親）と会えるよう面会交流※を行っているのは、そのうちの3分の1ほどです。親が離婚した場合、多くの子どもが、いっしょに暮らしていない親（別居親）と会えなくなってしまっています。

　明治時代につくられた家制度の影響もあり、ずっと日本では「子どもは『家（おとな）』の所有物」という考えが根強くありました。逆に言うと「子どものため」と考える意識が薄く、子どもの成長・発達には両親とのかかわりが必要という当たり前のことが見過ごされてきました。

　そのせいなのか、日本は先進国の中でもめずらしく両親が離婚した場合、子どもを育てる権利や義務をどちらか一方の親だけが持つ単独親権です。裁判所や弁護士など人権を守る

立場の人たちも、「別居親と子どもが会うと同居親が動揺して子どもに悪影響が出るから」などの理由で面会交流に消極的です。また、同居親やその両親が自分の寂しさを埋め合わせるために、子どもを抱え込んでしまうことも少なくありません。

　2011年に民法が改正され、子どもの利益を最優先に考え、両親が離婚した場合には面会交流や養育費についてきちんと話し合わなければならなくなった今も、現状はあまり変わっていません。

　親から分離されている子どもが定期的に別居親と関係を保ち、接触するための面会交流権は、おとなではなく子どもの権利そのものなのです（条約9条）。

※面会交流：離婚後や別居中に子どもを養育・監護していないほうの親が子どもとの面会等を行うこと。会うだけでなく、写真やプレゼントなどのやりとりを行う間接交流もあります。

2-4
健康に暮らす権利

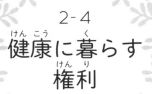

健康の権利 6条、25条〜27条

お父さんがいなくなった

1年くらい前にお父さんと離婚してから、お母さんは泣いてばかりいる。借金取りが電話をかけてきたり、親戚を回ってお金を借りたり、仕事をしたりしているから大変なの。

妹のめんどうをみるのは私

私たち3人姉妹の中でいちばんかわいそうなのは、まだ3つになったばかりの妹。お母さんは仕事が忙しくてぜんぜん妹のめんどうをみることができない。学校が終わると私が妹を迎

えにいって、おむつを替えたり、ごはんを食べさせたりしている。夜、お母さんはずっとお仕事で家にいないの。

夕飯はコンビニで買う

妹が眠ると、タンスの引き出しに入れてあるお財布を持ってコンビニで夕飯を買う。そのおつりを少しだけごまかして、こっそり貯金箱に入れているんだけど、なかなか貯まらない。お財布にお金が入ってないことがあって、貯めたお金を使うこともあるから。私はがまんして妹の夕飯だけ買うときもある。それなのに夜泣きされたりすると頭にきてなぐりたくなっちゃったりする。でも、テレビがあるとおとなしく見ていることがわかってから少し楽になった。

お姉ちゃんが妊娠!?

最近、お姉ちゃんはほとんど家に帰ってこなくなった。まだ中学生なのに学校にも行ってないみたい。ときどき戻ってくると高そうなバッグやアクセサリーを見せてくれる。お金持ちの

おじさんとごはんを食べたりすると買ってもらえるんだって。だけど、お姉ちゃんはいつも「死にたい」「生まれてこなければよかった」とか言っている。手首を切ったり、薬をいっぱい飲んだりして救急車で運ばれたこともあった。そのときお姉ちゃんのお腹に赤ちゃんがいたことがわかったの。

心配かけたくない

　私も学校は大嫌いだけど、お姉ちゃんみたいになりたくないからがんばって通っている。学校がイヤなのは、いじめられるから。きっかけは、洗ってない体育着。洗濯機がないし、お母さんは忙しいから、ずっと同じ物を着ていたら「くさい」とかからかわれたの。それからみんな私を仲間はずれにするようになった。でも、先生は見て見ないふり。

　だけど、私たちのために一生懸命に働いているお母さんに心配かけたくないから、「学校はどう？」と聞くお母さんには、いつも「とっても楽しいよ」と答えている。
　男の子に階段の上から突き落とされて足をくじいたときも、

だまっていた。保健室の先生は「病院に行ったほうがいいよ」と言ったけど、行かなかった。だって病院に行ったらすごいお金がかかっちゃう。お姉ちゃんが入院したとき、お母さんが言ってた。「保険証がないからすごくお金がかかる」って。

本当はお母さんにもっといっしょにいてほしいし、話したいこともたくさんあるけど、そんなこと言えない。お母さんを困らせちゃうだけだもの。

健康に暮らす権利

―――――――――――
健康の権利 ｜ けんこうのけんり
―――――――――――

心も体も健康に

　子どもは、心も体も健康に大きくなる権利があります。病気やけがをしたときに、治療してもらうことはもちろん、将来、病気やけがをすることがないよう病院に連れていってもらったり、栄養のあるものを食べさせてもらったり、安心してぐっすり眠れるようにしてもらったり、体力をつけたり、予防に必要な知識を教えてもらったりする権利があるのです。

おとなに余裕が必要

　健康に大きくなるためには、具合が悪いときにはすぐに病院に連れていってくれたり、バランスのよい料理をつくってくれたり、身の回りの世話をしてくれたり、イヤな顔をしないでいつでも向き合ってくれるおとながいなければなりませ

ん。あなたが、まだお母さんのお腹の中にいるときから、あなたの心や体のことをいちばんに考えてくれるおとながいなければ、あなたは元気に大きくなることはできないのです。

　そのためにはまず、あなたのお父さんやお母さんやその代わりとなるおとなが、健康で安心した毎日を送ることができなければなりません。あなたの世話をするおとなに余裕がなければ、あなたにゆったりと話しかけたり、しっかりと抱きしめながらおっぱいをあげたり、いつもとちがう様子に気がついたりできなくなってしまうからです。

国の義務
　国は、あなたのお父さんやお母さんが、あなたの心や体のことをいちばんに考えることができるように、支えたり、足りないものを補う義務を負っています。あなたが外国で暮らすことになったり、逆に、お父さん、お母さんだけが外国にいるときも同じです。国はあなたがどこにいても、心身ともに健康に大きくなれるように、努力をする義務があるのです。

COLUMN
おはなし

児相は「幸福、愛情、理解ある家庭」になる手助けを

　児童相談所（児相）は、子どもの成長・発達を最優先に考えて家庭環境を調整したり、いつでも子どもの味方であることが求められる都道府県の機関です。18歳までの子どもや家庭のあらゆる相談を受けたり、子どもが暮らす場所がその子どもにとってよくない環境になっているときなどは、子どもを一時的に保護し、場合によっては施設に入れることができます。

　たしかに、虐待などがあったときは、親子が別々に暮らさなければいけないこともあります。しかし、そのときも、もう一度、親子がいい関係をつくれるような援助が必要です。すべての子どもは、家庭環境のもと、幸福、愛情、そして理解ある雰囲気の中で大きくなる権利があります（条約前文参照）。ところが、児童相談所は時として親子を引き離してしま

うことがあります。虐待がなかったのに一時保護された高校生の女の子はこう書いています。

……………

　一時保護の説明も一切ありませんでした。「お母さんは？」と尋ねても児相の人は何も答えず、服のサイズを聞かれました。「家に帰りたい」と言うと、「ここに来たらしばらくは帰れない」との言葉が返ってきました。

　私は泣き叫びました。心の中は怒りや悲しみでぐちゃぐちゃでした。児相の人は「そんなに泣きたいなら、ここで泣いてろ！」と、だれもいない部屋に私を押し込みました。

　「お母さんに電話しても通じないし、通じてもお母さんは混乱していて話が進まない」とずっと言われていたこともウソでした。私に「お母さんは何もしてくれない」と思わせ、お母さんを嫌いになるよう情報操作をしていたとしか思えません。

　子どもたちはみんな、刑務所にいる囚人のような扱いでした。日誌を書き終わると、一切の私語は禁止。食事中や歯磨き中などの私語も禁じられていました。

　いちばん怖かったのは「おひとり様」という罰です。ルー

ルを破ると、話したり遊んだりすることを禁止され、自由時間をひとりで過ごす「おひとり様」を命じられました。その罰を受けている子に話かけると、その子も「おひとり様」の罰を受けることになるため、「おひとり様」の子が、周囲に話しかけると「話しかけないで！」と冷たくされます。「おひとり様」は、短くて３日、長いときはひと月も続きます。私はいつも「おひとり様」におびえていました。

　私はずっと家に帰りたかった。施設になんか行きたくないし、ましてや刑務所のような一時保護所になど、二度と行きたくありません。私は大好きなお母さんと一緒に暮らしたいんです。

（ＤＣＩ日本〔現ＣＲＣ日本〕機関誌『子どもの権利モニター』120号より抜粋・まとめ）

2-5
身近な人に無視されたり、なぐられたりしない権利

虐待・放任されない権利 19条

ぎゃくたい・ほうにん
されないけんり

どうしてたたくの？

　お父さんはいつもよくわからない理由で私をたたいたり、けったりする。あるときは、お父さんが帰ってきたのに気がつかなくてテレビを見ていたら「テレビを買ったのはだれだ？」となぐられ、別の日には玄関まで迎えに出たら「まとわりつくな」となぐられた。

しつけって？

　食事中は「姿勢が悪い」「食べ方が汚い」「はしの使い方がなっ

てない」などとおこられ、3分おきくらいにゲンコツが飛んでくる。ニンジンを残したら、「しつけだ」と10分以上なぐられた。何度かは気を失ったこともある。私にとって休日の食事は恐怖の時間だ。毎週金曜日の夕方になるとお腹が痛くなってくる。

おうちに入れて！

　そんな目にあうのはきょうだいの中で私だけ。私がけられたりなぐられているのを見て、妹と弟が泣きながら止めに入ったら、「こんな姉思いの妹と弟を泣かせた」と、真冬の夜中に外に放り出された。裸足だったし、パジャマ姿だったから、寒くて寒くてふるえが止まらなかった。

ごはんを食べさせて！

　妹や弟が赤ちゃんだったときは、「妹や弟のめんどうをちゃんとみないから」と、食事をもらえないことがよくあった。弟の粉ミルクをこぼしちゃったときは「お前の食事代で弁償し

ろ」と、2日間も何も食べさせてもらえなかった。

　あんまりお腹が空いて、こっそり買い置きのお菓子を食べたら、「このこそ泥！　そんなに食いたければ食え‼」と、お父さんは私に山のようなお菓子を突きつけた。泣きながら「ごめんなさい」と謝っても許してくれなくて、吐くまでお菓子を食べ続けさせられた。苦しくなってうずくまった私を見て、お父さんはニヤニヤ笑い、私が吐いたのを見て「汚いヤツ」とけり飛ばした。

はだかを見ないで！

　お風呂に入っていたら、お父さんが入ってきたこともあった。イヤだったから鍵をかけたら「親に隠し事するのか」と、湯船の中に沈められた。今も服を脱いでいるときなんかに、ときどきお父さんがのぞいているのを知っているけど、こわいから気づかないふりをしている。

ひどい言葉

　いつ、何を理由にお父さんがおこり出すかわからないから、私はいつもビクビクして、小さくなっている。そうすると今度は「堂々としろ」となぐられる。この前、旅行先で写真を撮ったときは「もっと楽しそうにしろ!!」と突き飛ばされ、そのひょうしに足を折ってしまった。

お母さんも見て見ないふり

　お母さんはいつも見て見ないふり。「なぐられるほうより、なぐるほうがつらいのよ。お父さんはお仕事が忙しくて大変なんだから、おこらせないで」なんて言って、お父さんに味方する。

無視しないで

　いちばんつらいのは、無視されるとき。お父さんが本当におこると、まるで私がいないかのように振る舞う。お母さんも口をきいてくれなくなる。「いない」ことにされるくらいなら、な

ぐられたほうがずっといい。なぐられるということは、少なくとも「私がここにいる」ことを認めてくれていると思えるから。

私はそんなに悪い子なのかな

どうして私だけがこんな目にあうんだろう。なんでお父さんはなぐるんだろう。お母さんは優しくしてくれないんだろう。私はそんなに悪い子なのかな？

身近な人に無視されたり、なぐられたりしない権利

虐待・放任されない権利｜ぎゃくたい・ほうにんされないけんり

安心して育つ権利

　子どもはどんなことがあっても、お父さんやお母さん、またはお父さんやお母さんの代わりをしてくれるおとなから、「虐待」などのひどい扱いをされることなく、安心して育つ権利があります。

　「虐待」とは、なぐったりけったりなど、暴力をふるうことだけではありません。ごはんを食べさせてくれなかったり、寒さから守ってくれなかったり、病院に連れていってくれないことや、子どもが助けが必要だと思っているときに、何もしてくれないことなども「虐待」です。

　大きな声でどなったり、悲しくなるようなひどいことを

言ったり、「イヤだ」と思うことを無理にさせたり、話しかけても無視すること、ほかの子と比べたり、「バカ」とか「ダメな子」とか「お前さえいなければ……」などと言って心を傷つけることも「虐待」です。いっしょにお風呂に入りたくないのに無理やり入らされたり、はだかを見ようとすることも、いけません。

傷つけられない権利

　もし、おとなが望む"よい子"でなくても、"悪いこと"をしたときも、「虐待」は許されません。たとえばお母さんの大切な物を壊したとか、ウソをついて習い事を休んだとか、弟をいじめたとか、万引きをしてしまったときでも、あなたは心や体を傷つけられない権利を持っているのです。

「虐待」と「しつけ」はちがう

　「虐待」と「しつけ」とはちがいます。いくら"よいこと"でも、力ずくで教え込もうとしたり、教えられたとおりできないからといって、あなたに悲しい思いをさせることは許さ

れません。そもそも「しつけ」として身につけるマナーやルールとは、力で教え込めるものではなく、愛されることによって自然と身についていくものです。

助けを求める権利
　お父さん、お母さんや、それに代わる世話をしてくれるおとなからこうしたことをされたなら、あなたは学校の先生や近所のおばさん、よく行くお店のお兄さんなど、近くにいるほかのおとなに助けを求めることができます。そしてあなたに助けを求められたなら、おとなにはあなたを助ける義務があるのです。

2-6
だれからも自分をつぶされない権利

だれからも搾取されない権利　32条～38条

マララさんの映画を見た

2014年に17歳でノーベル平和賞を受賞し、アメリカのオバマ大統領も称讃したマララさんのドキュメンタリー映画を見た。

マララさんの生まれ故郷パキスタンのスワート県では、武力で人びとに言うことを聞かせようとするタリバンという人たちが力を持っていて、みんな言いたいことも言えず、やりたいこともできずにおびえて暮らしていたんだって。たとえばタリバンの人たちは、女の人が学校に行ったり、何かを学んだりすることを禁止しているんだけど、そのことにだれも堂々と反対できないでいたんだ。

まだ11歳だったマララさんは、そうしたひどい故郷の現状をインターネットを使って訴えたことで、タリバンから命を狙われるようになり、下校途中に銃で撃たれて頭に大けがをしたんだ。だけど今も、怖がることなく平和や教育の必要性について世界に向けてメッセージを発信している。すごい人だ。

子どもも殺されている

映画を見てすぐ「タリバンってなんてひどいことをするんだろう」と思って調べてみた。そうしたらびっくりすることがわかった。アメリカは「タリバンをやっつけるため」とタリバンの人たちが力を持っている地域に、無人の攻撃機を使って爆弾を落としたりして、そこで暮らすタリバンでない人たちまでたくさん殺していたんだ。なかには子どももいた。

マララさんと大ちがい

こうしたアメリカのまちがった攻撃でおばあちゃんを亡くして、自分もけがをしたパキスタンの少女ナビラさんは、わざわ

ざアメリカまで行って国会議員の人たちに「復讐より話し合いで解決していくべきです。暴力を使っても平和は絶対やってきません。こんな攻撃に巻き込まれることなく、私たちもちゃんと勉強したいのです」と訴えたそうだけど、聞きにきた議員さんは435人中5人だけだったんだって。

ナビラさんが生まれたのはマララさんが銃で撃たれたのと同じ地域で、年齢も同じくらいだ。それなのにどうして、ふたりの扱いはちがうんだろう。

戦争の犠牲に

戦いをしている国や地域は数え切れないくらいあって、1990年以後10年間くらいで200万人以上の子どもが死んでいるそうだ。けがをした子（500万人）や家を失った子（1200万人）はもっといっぱいいるし、1日70人もの子どもが地雷を踏んで亡くなったりけがをしているんだって。15歳にもならない「子ども兵士」が25万から30万人もいるという話もあった。

児童労働

戦争がなくても、おとなの犠牲になっている子どもはたくさんいる。そのひとつが貧しい国に多い「児童労働」※だ。それは、ずっと家にいてそうじや料理をさせられているというだけじゃない。世界にはぼくと同じ年くらいで、外に働きにいかされている子どもが2億5000万人もいるんだ。なかには、学校にまったく行かせてもらえない子どもや遊ぶ時間がまったくなくて、一日中働いている子どももいる。

働いている場所は、ぼくが大好きなチョコレートやバナナをつくる農園や工場が多い。ぼくが毎日使っているサッカーボールも、ぼくと同じ年くらいの子どもがぬっていることが多いらしい。経営者たちは「おとなより子どもに払うお金のほうが安くすむ」と子どもを働かせていると知って、ぼくはふるえあがった。

奴隷のように

ほかにも家族の借金のかわりに奴隷のように子どもを働かせ

たり、麻薬をつくったり売ったり、はだかになってポルノという映画や雑誌のモデルをさせられている子どもがいる。おとながお金を払って子どもの体をさわったり、いやらしいことをする性的搾取※の犠牲になっている子どももいる。借金のために売られたり、誘拐されて、そういうところで働かされることも多いらしい。

　子どもを犠牲にして、戦争をしたり、お金を稼いだり、いやらしいことをしたりするおとなが世界中にいっぱいいるんだ。

※児童労働：子どもの健康や成長に悪い影響を与えるような働き方や仕事。

※性的搾取：お金や物などと交換に、はだかを見ようとしたり、体をさわったりするようないやらしい行為のこと。

だれからも自分をつぶされない権利

だれからも搾取されない権利 ｜ だれからもさくしゅされないけんり

戦争や労働からの解放
　子どもは、戦争などの武力紛争によって引き起こされる、病気、けが、家族との別れ、食糧難、レイプ、武器を持って戦うことなど、すべての悲しい出来事から守られる権利があります。
　戦争だけではなく、体や心が育つためのじゃまになったり、体や心を傷つけるおそれがあったり、いろいろな知識や経験を身につけることができなくなったり、勉強することができなくなってしまうようなすべての労働、麻薬などの害のある薬、性的搾取からも、守られる権利があるのです。

子どもを守る法律や規則
　子どもを物のように扱ったり、売ったり買ったり、何かを

させてお金を儲けようとしたおとながいたら、そのおとなは警察につかまります。子どもからお金をしぼり取ろうとしたり、イヤがる子どもを閉じこめたり、なぐったりして無理やり働かせようとするおとながいたら、国は、そのおとなに罰を与える義務があるのです。

　そのために、子どもの権利条約を守ることを決めた国は、①子どもがいくつから働くことができるか、②働くときには何時間くらい、どんな条件で働くことができるか、などをきちんと決めています。そして、もし①や②が守られなかった場合のために、法律や規則をつくっているのです。その規則や法律は、日本人が、外国人の子どもや外国に住んでいる子どもに対して行ったときにも、あてはまります。

国の援助や義務

　こうした法律や規則が破られて、万が一、あなたが何らかの暴力や虐待、体罰や侮辱など体や心に傷を負うような扱いを受けたときには、国は、すぐにあなたの傷を回復させ、みんなといっしょに生きることができるような援助をする義務

があります。その援助をするときには、あなたの体や健康のためになって、あなた自身が「自分はとっても大切な人間なんだ」と思えるような環境を整える責任も、国は負っているのです。

COLUMN
おはなし

私たちにふさわしい世界

　2000年5月8日、子どもに関することだけを話し合う「国連子ども特別総会」が、アメリカのニューヨークで開かれ、世界187カ国から、大臣などが参加しました。
　この総会の最初には、世界153カ国から集まった404名の子どもたちがつくった「A World Fit for Us（私たちにふさわしい世界）」というアピール宣言が発表されました。

……………

　私たちは世界の子どもです。でも、世界は私たちを搾取、虐待し、ストリートチルドレンにし、戦渦に投げ込んでいます。私たちをエイズの犠牲にし、エイズで親を奪い、質の高い教育や生存を保障してくれません。
　そう、世界は、政治、経済、文化、宗教そして環境といったあらゆる面で、私たちを差別し、その犠牲にしているのです。

これまで私たちの声には耳を傾けようともしませんでした。でも、もう黙っていられない。私たちの叫びを聞いてください!!
　私たちにふさわしい世界は、すべての人にふさわしい世界です。私たちの存在が問題を引き起こしているのではなく、私たちの存在は、問題を解決するために欠くことのできない力になるのです。
　私たちには意志があり、感じる力があり、熱い想いがあります。
　私たちは、生まれや育ちはちがっても、共通の現実を分かち合っており、すべての人がより幸せになる世界をつくりたいという強い決意でひとつに結ばれているのです。
　おとなたちは、私たちを"未来を担う人"と言いますが、でも、私たちは、"今を生きている人"でもあるのです。

訳：国連特別総会日本政府代表団顧問　福田雅章

第3章
社会の中で大きくなる（成長する）権利

市民的自由

　子どもは、家庭や学校における身近なおとなとの関係に支えられて、社会にチャレンジしていく権利を持っています。自分らしく生きながら、考えのちがう人といっしょに社会をつくっていくことを学ぶためです。

　そのためには、子どものうちからいろんな考えにふれ、「どうしてだろう」と考えたり、「自分はこう思う」ということを人に伝える練習をしておかなければなりません。また反対に、だれにも知られることのない、自分だけの考えや世界を、心の中に持ち続けることも、考えを深めたり、自分を守るために重要になります。

　だから子どもにも、自分だけの考えや世界を持ち、自分の考えを社会に向けて発表していく権利があるのです。

3-1
自分の考えを持つ権利

思想・信条・表現の自由 13条〜15条
しそう・しんじょう・ひょうげんのじゆう

不思議なことがいっぱい

　最近ぼくには、不思議に思うことがいろいろある。世界には、食べすぎで体をこわす人がいっぱいいる国もあれば、食べる物がなくてたくさんの人が死んでいく国がある。自然災害でたくさんの人が死ぬと、「かわいそうだ」と言って世界中で助けようとするのに、戦争ではたくさんの人を平気で殺している。「人間は助け合って生きるんだよ」と学校では教えられるのに、駅にホームレスの人がいてもみんな知らんぷりだ。

子どものくせに！

　お父さんやお母さん、先生が言うこともへんだ。「みんな平等だよ」と言うけど、「勉強のできる子はよい子」、「できない子はダメな子」として区別される。「子どものくせに生意気だ」と言うときもあれば、「もう大きいんだから」と言ったりする。授業では、「疑問を持つことは大切」と教えられるけど、不思議に思っていることを聞くと、「よけいなことは考えないで勉強しろ」とおこる。

心の中まで言うとおりでないとダメ？

　だれもきちんと答えてくれないから、クラスの壁新聞係になったとき、いろいろ調べて、ぼくなりの答えを発表したら、先生に「こういうことを書いてはいけない」と、やぶられた。
　どんなことを言ったり、したらよくて、どんなのだといけないのか、ぼくにはぜんぜんわからない。
　心の中で思ったり、考えたりすることまで、先生やお父さん、お母さんの思ったとおりじゃないとダメなの？

自分の考えを持つ権利

思想・信条・表現の自由 ｜ しそう・しんじょう・ひょうげんのじゆう

自分らしい考えを持つことができる

　子どもも、いろんな考え方やものの見方に接し、自由に自分の考えや思いを持つ権利を持っています。お父さんやお母さん、先生、あるいはえらいおとなの人が言っていることでも、「おかしい」「イヤだ」と感じてもいいし、自分らしい考えを持つことができるのです。神様や仏様を信じるかどうかについても同じです。

自分の考えは"かたち"にできる

　そのような自分の考えや思いを、頭の中にしまっておくだけでなく、毎日の生活の中でじっさいに行ったり、文章や詩、ダンスや歌などさまざまな方法を使ってだれかに伝えることもできます。そのときに同じ考えを持つ人たちといっしょに

なって行うこともできます。

ほかの人を傷つけてはいけない
　子どもも、自由に自分の考えや思いを持ち、それをじっさいに行ったり、ほかの人に伝える権利を持っていますが、人に迷惑をかけたり、自分やそのほかの人を傷つけたりすることは許されません。自分とはちがう考えを持つ人たちともいっしょに、社会の中で生きていく必要があるからです。

3-2
秘密を持つ権利

プライバシーの権利 16条

ぷらいばしーのけんり

みんなの前でメールを読んだ

　スマートフォンをランドセルに入れていたら、先生にみつかった。私が「返してください」と言ったのに、先生はみんなの前でボーイフレンドにあてて書いたメールを読みあげた。
　先生は、「小学生のくせに恋愛なんて早すぎる。スマートフォンを学校に持ってくるのは禁止のはず」と言って、お母さんに連絡した。

先生ならいいの？

　その日から、私はクラスの男の子たちにからかわれるようになった。好きだった男の子も、ほかの子にいろいろ言われるのがイヤみたいで、私を見ると逃げるようになった。
　先生だったらランドセルを勝手にあけてもいいの？
　ほかの人のメールを読んだりしてもかまわないの？

秘密を持つ権利

プライバシーの権利｜ぷらいばしーのけんり

たとえ親でも許されない

　子どもにも秘密を持つ権利があります。勝手に、子どもの毎日の出来事や家の中のこと、手紙やメール、日記などを見たり、電話を聞いたり、その内容を言いふらしたり、その内容についていろいろ言ったりして子どもを傷つけることは、たとえ親であっても許されません。

秘密が自分だけの世界をつくる

　秘密を持っていることは、あなたがあなた自身でいるためにとても大切なことです。なぜなら、秘密を持つことによって、あなたはほかの人とはちがう自分だけの世界をつくることができるからです。そうすることによって初めて、あなたは自分らしく生きることができるようになります。自分だけ

の世界を大事にすることは、あなたがおとなになったとき、大きな力を持った人にふりまわされたり、だれかの好き勝手に扱われたりしないようにするために、とても必要なことなのです。

法律で自分を守ることもできる
　秘密を持つ権利とは、勝手に自分の心の中をかき回されない権利なのです。
　もし、あなたが、ほかの人に見せたくないと思っているものを勝手に見られたり、知られたり、その内容を言いふらされたりして、それによって傷つけられたとき、あなたは、法律などを使って自分を守ることができるのです。

第4章
特別な助けを求める権利
＊＊
特別なニーズを必要としている
子どもの権利

　子どもは、だれもみんな"世界でたったひとつだけの宝"として扱われる人権を持っており、それを毎日の生活で生かすために「自分の思いや願いを受けとめてもらいながら大きくなる」権利を持っています。

　でも、実際には一人ひとりの子どもは、いろいろな事情を持ち、いろいろな状況のもとで"子ども期"をすごしています。ですから、その一人ひとりの事情や状況に応じて特別な方法で援助しなければ、「自分の思いや願いを受けとめてもらいながら大きくなる（成長する）」権利の実現が難しい場合があります。

　ここでは、「障害を持った」子ども、「悪いことをしてしまった」子ども、「難民やマイノリティー」の子どもについて、とくに注意しなければならないことを考えます。

4-1 障害を持った子どもの権利

障害を持った子どもの権利 23条

しょうがいをもった
こどものけんり

往復3時間

　お兄ちゃんは毎日、電車で往復3時間近くかけて養護学校※に通っている。最近ようやく、電車にひとりで乗れるようになったんだ。お兄ちゃんは、ごはんを食べたり、お風呂に入ったり、思っていることを人に伝えることがうまくできないの。左手と左足がうまく動かないせいもあるけれど、知的障害※があるから。

ひどい養護学校

　前はバスで20分くらいの養護学校に通っていたんだけど、その学校はお兄ちゃんが行きたがらなくて、遠い学校に替えたの。
　お父さんやお母さんの話だと、前の学校はとってもひどいところだったらしい。「失敗するから」と、ドアを開けたままでトイレを使うように言われたり、「暴れるから」と、ほかの子たちとはちがう部屋で食事をさせられたりしていたんだって。

新しい学校は楽しそう

　新しい学校はいいところみたい。教室も先生も足りないから、ひと教室をカーテンで仕切ってふたクラスで使ったり、合同授業なんかも多いみたいだけど、転校してからは食事中に暴れたなんて話も聞かなくなった。
　もともと、お兄ちゃんがトイレで失敗したり、食事中に暴れるのは、イヤなことを無理にされたり、気持ちをわかってもらえなかったりしたときだけ。お兄ちゃんはうまく話ができないから、ほかのやり方で自分の気持ちを表しているんだと思う。

ヘルパーさんを断って

　楽しそうなお兄ちゃんを見ると「転校してよかったなぁ」と思うけど、お兄ちゃんの手伝いが増えた私はちょっと大変だ。前は1日おきにヘルパー※さんが来てくれていたんだけど、断っちゃったから。

　おばあちゃんに「よそさまのお世話になってみっともない」と言われたり、前から近所の人に「障害のある子がいると、楽できていい」とうわさされるのがお母さんはイヤだったみたい。

　困っているときに助けてもらうことは、そんなにへんなことなのかな？

※養護学校：知的障害児・肢体不自由児などに対し、幼稚園・小・中・高等学校のような教育と、障害があるために起こる困ったことなどを乗り越えるために必要な知識・技能などを養うことを目的とする学校。

※知的障害：頭や心の働きの発達が生まれつき遅れていて、社会生活をすることが難しい状態。軽度・中等度・重度・最重度に分けられます。

※ヘルパー：手助けする人。主に家事の手伝いをする人と、老人であったり身体等に障害があったりする人の世話をする人がいます。

障害を持った子ども の権利

障害を持った子どもの権利｜しょうがいをもったこどものけんり

世界でたったひとつだけの宝
　障害を持っている子どもも、"世界でたったひとつだけの宝"として、大切にされながら自分の思いや願いを自由に表し、自分らしく生きる権利があります。障害という「個性」を持ちながら、自分の人生に参加し、社会の中でほかの人といっしょに生きていく権利があり、そのために必要な特別な支援を受ける権利があるのです。

一人ひとりに合った支援
　支援は、一人ひとりが持っている障害に合わせたものでなければなりません。一人ひとりが本当に必要とするものを補えるような、幅の広いものでなければならないのです。そうでなければ、いろいろな障害を持ったすべての子どもが、"世

界でたったひとつだけの宝"として光り輝きながら、社会の中で生きていくことができないからです。

　だから、障害を持った子どもは、その子どもだけに必要な勉強や訓練、これからもずっと元気に暮らすことができるための手助けや治療、仕事につくための準備などの支援を受けることができます。その中には、障害を持った子どものお父さんやお母さんなど、身近にいるおとなへの支援も、もちろん入ります。

できるだけ無料で

　国は、お金持ちかどうかで受けられる支援の内容がちがったりなどしないように、できるだけ無料で子どもと子どもの身近にいるおとなを助けるために、いろいろな仕組みをつくる責任を負っています。そして、そうした支援のしかたや治療法がもっともっとよいものになっていくよう、子どもの権利条約を守ることを決めたほかの国と情報交換しながら、努力する義務があるのです。

4-2
悪いことをしてしまった子どもの権利

少年司法　37条、39条、40条
しょうねんしほう

いいアルバイト？

　この前テレビで「少年犯罪は減っている一方、少年による凶悪な事件が目立つ」というニュースをやっていた。
　そのひとつが、最近話題の振り込め詐欺にかかわっている中学生や高校生が増えているという話だった。ニュースによると、中学生や高校生は悪いおとなからの「いいアルバイトがある」という誘いにのって、電話をかけてお年寄りをだます役（かけ子）や、お年寄りからお金を受け取る役（受け子）、お年寄りが銀行口座などに振り込んだお金を引き出す役（出し子）をやったりしてしまうんだって。

インターネットが原因？

　それから、去年（2015年）の2月に、神奈川県川崎市の多摩川で中学1年の男の子が少し年上の男の子3人に殺された事件みたいな、集団でひとりの子をよってたかってなぐったりけったりして殺してしまう事件のこともやっていた。
　テレビに出ていた専門家の先生は「スマートフォン（スマホ）を持つ子どもが増え、インターネットで簡単につながれるようになったため」と言っていた。本当にそうなのかな？

万引きやJKビジネス

　友だちもみんなスマホを持っているけど、そんなことをする子はいない。でも万引きとか、ちょっと「いけないこと」をしている子はいないわけじゃない。この前、クラスの女の子が「うちのお姉ちゃんは、おじさんとお散歩したり、カラオケに行くだけで1時間何千円ももらっている」と自慢していた。
　世の中には「女子高生」というだけで、デートしたり、体をさわったりさわられたいと思うおじさんがいっぱいいて、「JK

(女子高生)ビジネス」という商売にもなってるらしい。

　お金をもらって体をさわったり、さわられたりするなんてイヤじゃないのかな？

悪いことをしてしまった子どもの権利

少年司法｜しょうねんしほう

社会をつくって生きるために

　私たちは、ひとりで生きているのではなく、みんなで社会をつくって生きています。すべての人が"世界でたったひとつだけの宝"として扱われなければならないのですから、ほかの人の命をうばったり、体を傷つけたり、お金や物をとったり、イヤだというのに暴力で何かをさせたりするようなことは、絶対に許されません。あなたにも、そのような目にあわされない権利があります。

なぜ悪いことをする子どもがいるの？

　おとなが悪いこと（犯罪）を犯すと、警察につかまって、裁判にかけられ、刑務所に送られるなど「罰」を科されます。でも、子どもが犯す悪いことは非行と呼ばれ、日本の法律でも、

世界の約束でも、罰を科したり、非難することはしません。なぜなら、そのような子どもも、本当はそんなダメな人間になりたいとは思っていないからです。

自分や人を大切にする気持ち
　多くの場合、小さいときから家庭や学校にいろいろな問題があって、自分をそのままで抱えて（受け入れて）もらえなかったり、虐待されたりして、自分や人を大切にする気持ちを持てなかったために、そんな悪いことをしてしまっているのです。だから、これまで育ってきた家庭や学校の問題点をなおし、その子が心から「ありがとう」「ごめんなさい」と言える人間になれるように特別な支援をしてあげることが必要なのです。

過ちを乗り越える
　人はみな、過ちを犯しながら大きくなります。どんな悪いことをした子どもにも「自分らしく豊かに大きくなる（成長する）権利」があるのです。「お前は悪い子に決まってい

る！」「ウソをつくな！」「反省しろ！」と迫るのではなくて、"かけがえのないたったひとりの人間"としてその人権を尊重すること——その子の言い分や思いや願いをじっくり聞き、受けとめてあげる人間関係をつくることによって、その子は初めて、自分の過ちを乗り越えることができます。

自分らしく元気に大きくなる権利

　家庭や学校はもちろん、悪いことをした子どもに特別な支援を与えてくれる家庭裁判所や児童相談所でも、あるいは取り調べをする警察でも、「自分らしく豊かに大きくなる（成長する）権利」が保障されなければならず、それにふさわしい制度や手続きがつくられていなければなりません。

4-3 難民やマイノリティーの子どもの権利

難民・先住民・少数民族・外国人の子どもの権利　22条、30条

よその国の人

　日本にもアイヌ※という先住民※がいると知ったとき、私はとても驚いた。日本はひとつの民族だけの国だから、よその国から来た人たちが嫌われるのかと思っていた。

　私の先祖は朝鮮半島の人。ひいおじいちゃんとひいおばあちゃんのときから日本に住んでいるけど、日本人といっしょの保育園では「へんな名前」と、よくからかわれた。それがイヤで、通名※という日本人の名前を持った在日韓国人・朝鮮人の友だちもいた。

民族学校だから

　小学校からは民族学校※に通っているけど、「やっぱり私たちはよそ者なんだ」と思うことはいっぱいある。たとえば私の学校には、プールや体育館がない。バレーボールのネットもないし、給食もない。教科書も国からもらえない。

　お母さんに聞いたら、「民族学校には国からお金が出ないから、いろいろなものが買えないの」と言っていた。

どうして嫌われるの？

　町を歩いていると、「朝鮮！」とか「国へ帰れ！」とかどなられることがある。お母さんは私に「危ないからチマ・チョゴリは着ないで」と言う。電車の中でチマ・チョゴリを切られたとか、ハングルで話していた男の子が突然なぐられたなんて話をよく聞くから、心配なんだと思う。

　どうして私たちはこんなに嫌われなくちゃいけないんだろう。どこの国の子も同じ「子ども」なのに。

※アイヌ：朝鮮半島から今の日本人の祖先が渡ってくる前から東北地方から北海道および樺太に暮らしていて、自然といっしょに暮らす知恵をいっぱい持っていた人たち。アイヌとは、アイヌ語で「人間」という意味です。

※先住民：今、その国で大多数を占めている民族・種族より前にその土地に住んでいた民族・種族のことを指します。

※通名：差別などを避けるために、本名とは別に持っている日本ふうの名前のこと。

※民族学校：日本の法律では正式に認められていない、朝鮮学校、韓国学校など、アジア系の外国人の学校を指します。

難民やマイノリティーの子どもの権利

難民・先住民・少数民族・外国人の子どもの権利

それぞれの文化

子どもは、先祖から受けついできた言葉や文化、宗教などを持つ権利があります。たとえそれらが日本の大多数の人が持っているものとちがっても、同じ言葉や文化、宗教などを持つ人といっしょになって、それらを受けつぎ、生活の中に生かす権利があるのです。

受け入れて尊重し合う

あなたには、たとえば、アイヌのような先住民やいろんな理由で日本に住むようになった、あなたとちがう言葉や文化や宗教や人種の人たちと、お互いにそのちがいを認め、受け入れ、尊重し合いながら生きていく権利と義務があるのです。

難民の人たち

　このことは、難民※でも同じです。だれでも"世界でたったひとつだけの宝"として生きられるように、「難民の人たちを受け入れましょう」という世界の約束もあります。難民の子どもだからといって、差別されたり、受け入れてもらえないなどということがあってはなりません。

国の義務

　家族がいない子どもがいたら、国は、その家族をさがしたり、日本人の子どもに対するのと同じように、お父さん、お母さんや、家庭代わりになる環境を用意しなければなりません。

※難民：人種・宗教・政治的意見のちがいなどによって苦しめられ、外国に逃れた人。なかには、災害や戦争によって国を追われた人もいます。

第5章
子どもの権利を生かすために

救済の権利と
おとな・国・国連の役割

　あなたの持っている権利は、命や健康が害されたり、差別されたり、思いや願いを出すことが封じられたりしないように、毎日の生活の中で生かされなければなりません。権利を使うということは、けっしてわがままなことでも自分勝手なことでもありません。もしあなたが、「ああ、なんてぼくはなさけないダメな子なんだろう」と考えているとするなら、そんなあなたのために権利はあるのです。自らの尊厳を確保し、自分らしく元気に大きくなるために。権利が侵害されたとき、もちろん、あなたは自分で助けを求める権利があります。それだけではなく、ふだんから子どもの権利を守り、「子どもの権利条約」を日本社会に生かすために、国連や国、そして社会やおとなは、いろんなことをしなければならないことになっています。

5-1

助けを求める権利
—— 子どもが助けを求める権利 ——

＊権利を持っているということ

　子どもが権利を持っているということは、あなたが自分らしく元気に大きくなれない状況におかれたときに、あなたにはそれを防ぎ、回復してもらう"力"があるということです。暴力や脅しやお金の力で、ときにはおとなのわがままや権威で、あるいは国の政策や制度の力で、命や体を傷つけられたり、「イヤだ」と思うことを無理強いされたりしないための"力"です。あなたの持っている"力"は法律があなたを守ってくれる力であり、あなたの「助けて！」という叫びに応じて、警察や裁判所や児童相談所などたくさんの機関が手助けしてくれる力です。子どもの権利とは、最後には"お助けマン"に助けてもらう力なのです。

＊どんな悪い子でも"お助けマン"を呼べる

　"お助けマン"を呼ぶ権利は、あなたをはじめ、どんな子も

持っています。たとえ親や先生の言うことを聞かない"悪い子"でも、人に迷惑をかけたり、勉強のできない"ダメな子"でもまったく心配はいりません。「義務を尽くせない子には、権利を使う資格がない」なんて言う人がいますが、これは完全にまちがっています。たとえば、あなたがおとなから体罰を受けない権利を持っていることと、あなたが友だちを傷つけない義務を持っていることとは、まったく別のことなのです。どんな子でも、自分の成長・発達が害されたり、害されそうになっているときには、権利を使うことができます。

＊"お助けマン"ってだれ？

　あなたが、困ったり、イヤだと感じたりしたことがあったら、すぐにお父さんやお母さんに、あるいは学校の先生たちに、「はっきり」と話してください。それでダメな場合には、身近な信頼できるおとなに、それでもダメなら、ＣＲＣ日本の子どもの権利オンブズマン委員会（最終ページ参照）に思い切って電話してください。絶対に自分でがまんすることをしてはいけません。どんな場合でも、笑い者にされることはありません。あなたの勇気は称賛されます。

5-2
おとながやらなければならないこと
—— おとなの役割と責務 ——

＊これまでの子ども観とおとなの役割

　子どもが権利を持つということは、子どもと向き合うおとなの役割を大きく変えることになります。

　今までの考えでは、子どもにはまだ十分な能力がないから、親や先生などおとなが「何が子どもにとっていちばんよいか」を決め、子どもは、それに従ってさえいれば、幸せな"一人前のおとな"になれるという考え方でした。

　けれども「これが子どもにとっていちばんよい」とおとなが決めてきたことは、じつは「子どもはこうあってほしい」とか、「子どもはこうあるべきだ」という親や先生や国など、おとなの期待や願望でしかなかったり、おとなの都合で決められている場合がいっぱいありました。

＊新しい子ども観と新しい親の役割

　しかし、子どもの権利条約では「自由に思いや願いを出し、

それを身近なおとなにやさしく受けとめてもらう」という関係を通して、初めて子どもは幸せな"一人前のおとな"になれるという立場に立っています。だから、子どもの持っている自分の思いや願いを出す力を権利として認め、それに応答するおとなの義務を認めました。言い換えると、おとなは、どんなときも子どもの出す思いや願い（欲求）を「そうだったんだ」といったん受けとめ、「どうしようか？」と言いながら、きちんと応答していく義務を負うことになったのです。たとえおとなの目から見ればバカバカしかったり、「めんどうくさい」と思うような思いや願いであっても、はじめから否定したり、無視することは許されなくなったのです。

＊子どもの主体性は、安心と自信と自由を感じられるおとなとの関係から生まれる

　子どもの出す思いや願いにきちんと応答するということは、子どもをかけがえのないひとりの人間として尊重し、人間としての主体性を認めることです。子どもは、安心でき、自信を持ち、自由を感じられる人間関係があって初めて、自分が大きくなっていく過程に主体として参加し、今の自分を生き、

そして、"一人前のおとな"になることができます。
　子どもの権利条約では、親を「子どもを育てるときにいちばん責任を負う人」と考えていますが、その責任とは、子どもの「ねぇねぇ」という呼びかけに対して、無条件かつ継続的に「なぁに!?」「そうだったんだ、大変だったね」と、子どもが自己肯定感と共感能力を持てるようになるまで抱えて（受け入れて）あげることです。

5-3
国がやらなければならないこと
—— 国の役割と責務 ——

＊国による子どもの権利条約の実現義務

　1994年、日本政府は子どもの権利条約を日本の法律として受け入れました。そこにはこの本で説明してきたような子どもの権利が全部書かれています。しかも子どもの権利条約は、すべて国の責任においてそれらの権利を、日本社会に広め、実現することを求めています。必要な場合には、新しい法律や制度をつくったり、お金や人を出して支援するなど「本条約に定められている子どもの権利を実現するためにあらゆる適切な措置をとる」ことを求めています。

＊子どもの権利を尊重しない日本

　ところが、日本政府も国会も、そして裁判所までもが、子どもの権利条約を尊重し、子どもの権利という立場から日本の子ども問題を考え直すことをほとんどしていません。新しい時代に向けて改正された児童福祉法や少年法にも、残念な

がら、子どもの権利という考え方は、まったく見られません。逆に教育基本法などを改正して、学校教育を「愛国心」を持ち、効率よく「日本の国際的競争力」に役立つ人材を養成する制度へと変換してしまいました。さらに家庭や学校や施設など子どもの成長・発達に直接かかわる場で、子どもが身近なおとなと「『ねぇねぇ』『なぁに』の関係」をつくるために必要な予算や労働環境をどんどん悪化させています。

　国連は、日本政府に対してこれまで３回にわたって「重大な懸念と厳しい勧告」を出しています（後述5-5参照）。

＊日本の発展は子どもの権利の保障から

　日本政府が、子どもの権利を否定する政策を採り続けることは、日本の将来にとってもたいへん不幸なことです。なぜなら、おとなと同じような自己決定権や政治に参加する権利とはちがう子どもの権利が保障されないと、子どもは独創性を持った思いやりのあるおとなになれないからです。日本社会の発展を真剣に考えるなら、国や政府は、まず子どもの権利条約と真剣に向き合い、一人ひとりの子どもが"光り輝くおとな"へ成長・発達できるようにするべきなのです。

5-4
国連がやらなければならないこと
—— 国連の役割と責務 ——

＊世界に広まった「子どもの権利」

　子どもの権利という考え方が世界中に広く行きわたるようになったのは、1989年12月に国連で子どもの権利条約が採択されてからです。それから世界中で、子どもに関するあらゆる問題が、「子どもの権利」という考えから見直されなければならないことになりました。

　今、世界中の国で、子どもの権利条約を「自分の国の法律と同じように受け入れること」（批准）をしていないのは、アメリカ合衆国1カ国だけです（2015年末現在）。日本は1994年に批准しました。

＊「子どもの権利」とは？

　「子どもの権利」には、おとなも持っている「かけがえのない価値を持ったひとりの人間」として尊重される地位や、命や身体を大切にされ、差別されない権利等もふくまれていま

す。しかし、それを保障するためには子どもの特性を考えて特別に配慮されなければならない点がたくさんあります。
　「自律的なおとなへと発展途上にある」子ども期の特性を踏まえた子どもの権利には、「自己決定能力と自己責任」を前提とする自己決定権は、原則として入りません。
　子どもの権利の典型的なものとしては、
① 自己決定権を有していない子どもが、ひとりの人間として尊重される権利（尊厳の確保）
② "子ども期"を待ち人としてではなく、今の自分を豊かに生きる権利（成長する権利）
③ 自分らしく生き、他人のことも考えられるようなおとなになる権利（発達する権利）
④ これら３つの大切な権利を子どもが自らの力で達成するために不可欠な「自分の思いや願いを自由に出し、それと向き合ってもらって、成長・発達の場で出会う身近なおとなと受容的な応答関係をつくる権利」（意見表明権）
という４つの基本的な権利があります。子どもの権利条約に定められている、そのほかのたくさんの権利は、すべてこの４つの権利と深くかかわって必要とされるものなのです。

＊子どもの権利委員会

　子どもの権利条約は、国連の中に「子どもの権利委員会」をつくって、これらの子どもの権利が世界中の子どもに保障されるように見守り、支援することを求めています。この委員会は、それぞれの国から定期的に報告を出してもらって審査し、「もっとこんなふうにしたほうがいい」とか「この部分をもう少しがんばって替えたほうがいい」と、勧告や提言を出したり（後述5-5参照）、さまざまな国連の機関やいろんな国の協力を得て、子どもの権利の実現を難しくする状況を改善するために各国の支援も行っています。また、条約に定められた権利や条文について国際標準としての意味を明らかにするために一般的注釈（General Comments）も出しています。

5-5
国連への報告審査制度と勧告
―― 国と子どもと市民NGOと国連が一体となって ――

＊国連による子ども状況の審査

　子どもの権利条約は、子どもの権利条約を守ることを決めた国々に対して、条約の実施状況に関する政府報告を定期的に国連「子どもの権利委員会」に提出し、委員会の審査を受けることを義務づけています。日本政府の報告審査は、過去3回（1998年、2004年、2010年）行われました。次はおそらく2018年に第4回と第5回の合同審査が行われる見通しです。

＊報告審査制度における市民NGOの役割

　この報告審査は、政府の"自己申告"に基づいて条約の履行の程度を委員会がチェックしようとする仕組みです。だから委員会の審査をよりよいものとするには、政府でない立場からの正確な情報が国連に提出されることがとても重要です。
　そこで国連「子どもの権利委員会」は、国連専門機関などさまざまな国際機関からの情報のほか、各国の「NGO関係者

からの情報」(代替報告書と言う)をたいへん重要視しています。政府の報告が、政府手持ちの情報に基づく政府の施策を擁護するための手前味噌になっていないかをチェックするために、市民NGOからの報告書（代替報告書）の提出を要請しているのです。DCI日本（現CRC日本）も他のNGOと協力しながら代替報告書を提出してきました。

＊国連予備審査での市民NGOの意見表明

　国連「子どもの権利委員会」は、政府報告審査の正規の会期の前に「会期前作業委員会」（予備審査）を開き、市民NGOの代表を招いて委員と直接的な意見交流を行います。たとえば「日本の子どもの権利は守られ、子どもはみんな幸せである」という政府報告に対して、市民NGOがじっさいに子どもから集めた情報などに基づいて「日本政府は子どもの権利条約を守っていない」という実態を報告するのです。

　国連「子どもの権利委員会」は、こうして市民NGOから得た情報をもとに、日本政府に「質問リスト」を送り、本審査で日本政府に問いただし、勧告と提言を出します。このように報告審査では、予備審査での市民NGOがきわめて重要な役

割を果たすのです。

＊国連「子どもの権利委員会」での子どもの意見表明

　さらに重要なことは、予備審査あるいは本審査の場で、子どもたちが意見表明し、委員の方々と直接対話できるということです。これは世界に先駆けてＤＣＩ日本（現ＣＲＣ日本）が始めたことで、過去３回の報告審査でずっと行ってきました。子どもたちの意見表明の内容は、すべて勧告に取り入れられています。そして子どもたちは、意見表明に合わせて子どもたち自身でつくった「子ども報告書」も提出してきました。

＊前ＤＣＩ日本（ＣＲＣ日本）が引き出した画期的な勧告

　前ＤＣＩ日本（ＣＲＣ日本）を中心とする市民NGOおよび子どもたちの働きで、過去３回にわたって決定的に重要な勧告を引き出すことに成功しています。たとえば、次のようなものがあります。

① 親や教師との関係性が貧困で、多くの子どもが孤独と不安にあえいでいる。

② 競争主義的な日本の教育制度そのものが、子どもにストレスを与え、子ども期を奪い、子どもの成長・発達をゆがめている。
③ 子どもの権利を保障できるように、親・教師等の労働条件や生活条件、さらには子ども福祉や養育・教育や予算のあり方等を抜本的に見直しなさい。

＊新しい社会の創造に向けて
　多くの犠牲を払った東日本大震災から得た教訓のひとつは、「身近な人と共感的に生きることこそ幸せの原点」とする子どもの権利条約の実践こそが大事であるということです。今こそ、子ども・市民NGO・国・国連が一体となって「お金・物・地位を目指して競い合う経済最優先の競争社会」から、あらゆる生命が共感的に生きることのできる新しい社会の創造に向けて動き出しましょう。あらゆる思想・信条・組織・団体の"くびき"から解放されて、子どもの権利条約の実践だけを求めるCRC日本とともに！

子どもの権利条約全文
児童の権利に関する条約　政府訳

前文

　この条約の締約国は、
　国際連合憲章において宣明された原則によれば、人類社会のすべての構成員の固有の尊厳及び平等のかつ奪い得ない権利を認めることが世界における自由、正義及び平和の基礎を成すものであることを考慮し、
　国際連合加盟国の国民が、国際連合憲章において、基本的人権並びに人間の尊厳及び価値に関する信念を改めて確認し、かつ、一層大きな自由の中で社会的進歩及び生活水準の向上を促進することを決意したことに留意し、
　国際連合が、世界人権宣言及び人権に関する国際規約において、すべての人は人種、皮膚の色、性、言語、宗教、政治的意見その他の意見、国民的若しくは社会的出身、財産、出生又は他の地位等によるいかなる差別もなしに同宣言及び同規約に掲げるすべての権利及び自由を享有することができることを宣明し及び合意したことを認め、
　国際連合が、世界人権宣言において、児童は特別な保護及び援助についての権利を享有することができることを宣明したことを想起し、
　家族が、社会の基礎的な集団として、並びに家族のすべての構成員、特に、児童の成長及び福祉のための自然な環境として、社会においてその責任を十分に引き受けることができるよう必要な保護及び援助を与えられるべきであることを確信し、
　児童が、その人格の完全なかつ調和のとれた発達のため、家庭環境の下で幸福、愛情及び理解のある雰囲気の中で成長すべきであることを認め、
　児童が、社会において個人として生活するため十分な準備が整えられるべきであり、かつ、国際連合憲章において宣明された理想の精神並びに特に平和、尊厳、寛容、自由、平等及び連帯の精神に従って育てられるべきであることを考慮し、

児童に対して特別な保護を与えることの必要性が、1924年の児童の権利に関するジュネーヴ宣言及び1959年11月20日に国際連合総会で採択された児童の権利に関する宣言において述べられており、また、世界人権宣言、市民的及び政治的権利に関する国際規約（特に第23条及び第24条）、経済的、社会的及び文化的権利に関する国際規約（特に第10条）並びに児童の福祉に関係する専門機関及び国際機関の規程及び関係文書において認められていることに留意し、

児童の権利に関する宣言において示されているとおり「児童は、身体的及び精神的に未熟であるため、その出生の前後において、適当な法的保護を含む特別な保護及び世話を必要とする。」ことに留意し、

国内の又は国際的な里親委託及び養子縁組を特に考慮した児童の保護及び福祉についての社会的及び法的な原則に関する宣言、少年司法の運用のための国際連合最低基準規則（北京規則）及び緊急事態及び武力紛争における女子及び児童の保護に関する宣言の規定を想起し、

極めて困難な条件の下で生活している児童が世界のすべての国に存在すること、また、このような児童が特別の配慮を必要としていることを認め、

児童の保護及び調和のとれた発達のために各人民の伝統及び文化的価値が有する重要性を十分に考慮し、

あらゆる国特に開発途上国における児童の生活条件を改善するために国際協力が重要であることを認めて、

次のとおり協定した。

第1部
第1条

この条約の適用上、児童とは、18歳未満のすべての者をいう。ただし、当該児童で、その者に適用される法律によりより早く成年に達したものを除く。

第2条

1　締約国は、その管轄の下にある児童に対し、児童又はその父母若しくは法定保護者の人種、皮膚の色、性、言語、宗教、政治的意見その他の意見、国民的、種族的若しくは社会的出身、財産、心身障害、出生又は他の地位にかかわらず、いかなる差別もなしにこの条約に定める権利を尊重し、及び確保する。

2　締約国は、児童がその父母、法定保護者又は家族の構成員の地位、活動、表明した意見又は信念によるあらゆる形態の差別又は処罰から保護されることを確保するためのすべての適当な措置をとる。

第3条
1　児童に関するすべての措置をとるに当たっては、公的若しくは私的な社会福祉施設、裁判所、行政当局又は立法機関のいずれによって行われるものであっても、児童の最善の利益が主として考慮されるものとする。
2　締約国は、児童の父母、法定保護者又は児童について法的に責任を有する他の者の権利及び義務を考慮に入れて、児童の福祉に必要な保護及び養護を確保することを約束し、このため、すべての適当な立法上及び行政上の措置をとる。
3　締約国は、児童の養護又は保護のための施設、役務の提供及び設備が、特に安全及び健康の分野に関し並びにこれらの職員の数及び適格性並びに適正な監督に関し権限のある当局の設定した基準に適合することを確保する。

第4条
　締約国は、この条約において認められる権利の実現のため、すべての適当な立法措置、行政措置その他の措置を講ずる。締約国は、経済的、社会的及び文化的権利に関しては、自国における利用可能な手段の最大限の範囲内で、また、必要な場合には国際協力の枠内で、これらの措置を講ずる。

第5条
　締約国は、児童がこの条約において認められる権利を行使するに当たり、父母若しくは場合により地方の慣習により定められている大家族若しくは共同体の構成員、法定保護者又は児童について法的に責任を有する他の者がその児童の発達しつつある能力に適合する方法で適当な指示及び指導を与える責任、権利及び義務を尊重する。

第6条
1　締約国は、すべての児童が生命に対する固有の権利を有することを認める。
2　締約国は、児童の生存及び発達を可能な最大限の範囲において確保する。

第7条
1 児童は、出生の後直ちに登録される。児童は、出生の時から氏名を有する権利及び国籍を取得する権利を有するものとし、また、できる限りその父母を知りかつその父母によって養育される権利を有する。
2 締約国は、特に児童が無国籍となる場合を含めて、国内法及びこの分野における関連する国際文書に基づく自国の義務に従い、1の権利の実現を確保する。

第8条
1 締約国は、児童が法律によって認められた国籍、氏名及び家族関係を含むその身元関係事項について不法に干渉されることなく保持する権利を尊重することを約束する。
2 締約国は、児童がその身元関係事項の一部又は全部を不法に奪われた場合には、その身元関係事項を速やかに回復するため、適当な援助及び保護を与える。

第9条
1 締約国は、児童がその父母の意思に反してその父母から分離されないことを確保する。ただし、権限のある当局が司法の審査に従うことを条件として適用のある法律及び手続に従いその分離が児童の最善の利益のために必要であると決定する場合は、この限りでない。このような決定は、父母が児童を虐待し若しくは放置する場合又は父母が別居しており児童の居住地を決定しなければならない場合のような特定の場合において必要となることがある。
2 すべての関係当事者は、1の規定に基づくいかなる手続においても、その手続に参加しかつ自己の意見を述べる機会を有する。
3 締約国は、児童の最善の利益に反する場合を除くほか、父母の一方又は双方から分離されている児童が定期的に父母のいずれとも人的な関係及び直接の接触を維持する権利を尊重する。
4 3の分離が、締約国がとった父母の一方若しくは双方又は児童の抑留、拘禁、追放、退去強制、死亡（その者が当該締約国により身体を拘束されている間に何らかの理由により生じた死亡を含む。）等のいずれかの措置に基づく場合には、当該締約国は、要請に応

じ、父母、児童又は適当な場合には家族の他の構成員に対し、家族のうち不在となっている者の所在に関する重要な情報を提供する。ただし、その情報の提供が児童の福祉を害する場合は、この限りでない。締約国は、更に、その要請の提出自体が関係者に悪影響を及ぼさないことを確保する。

第10条

1 前条1の規定に基づく締約国の義務に従い、家族の再統合を目的とする児童又はその父母による締約国への入国又は締約国からの出国の申請については、締約国が積極的、人道的かつ迅速な方法で取り扱う。締約国は、更に、その申請の提出が申請者及びその家族の構成員に悪影響を及ぼさないことを確保する。

2 父母と異なる国に居住する児童は、例外的な事情がある場合を除くほか定期的に父母との人的な関係及び直接の接触を維持する権利を有する。このため、前条1の規定に基づく締約国の義務に従い、締約国は、児童及びその父母がいずれの国（自国を含む。）からも出国し、かつ、自国に入国する権利を

尊重する。出国する権利は、法律で定められ、国の安全、公の秩序、公衆の健康若しくは道徳又は他の者の権利及び自由を保護するために必要であり、かつ、この条約において認められる他の権利と両立する制限にのみ従う。

第11条

1 締約国は、児童が不法に国外へ移送されることを防止し及び国外から帰還することができない事態を除去するための措置を講ずる。

2 このため、締約国は、二国間若しくは多数国間の協定の締結又は現行の協定への加入を促進する。

第12条

1 締約国は、自己の意見を形成する能力のある児童がその児童に影響を及ぼすすべての事項について自由に自己の意見を表明する権利を確保する。この場合において、児童の意見は、その児童の年齢及び成熟度に従って相応に考慮されるものとする。

2 このため、児童は、特に、自己に影響を及ぼすあらゆる司法上及び行政上の手続において、国内法の手続規則に

合致する方法により直接に又は代理人若しくは適当な団体を通じて聴取される機会を与えられる。

第13条
1　児童は、表現の自由についての権利を有する。この権利には、口頭、手書き若しくは印刷、芸術の形態又は自ら選択する他の方法により、国境とのかかわりなく、あらゆる種類の情報及び考えを求め、受け及び伝える自由を含む。
2　1の権利の行使については、一定の制限を課することができる。ただし、その制限は、法律によって定められ、かつ、次の目的のために必要とされるものに限る。
　(a)　他の者の権利又は信用の尊重
　(b)　国の安全、公の秩序又は公衆の健康若しくは道徳の保護

第14条
1　締約国は、思想、良心及び宗教の自由についての児童の権利を尊重する。
2　締約国は、児童が1の権利を行使するに当たり、父母及び場合により法定保護者が児童に対しその発達しつつある能力に適合する方法で指示を与える権利及び義務を尊重する。
3　宗教又は信念を表明する自由については、法律で定める制限であって公共の安全、公の秩序、公衆の健康若しくは道徳又は他の者の基本的な権利及び自由を保護するために必要なもののみを課することができる。

第15条
1　締約国は、結社の自由及び平和的な集会の自由についての児童の権利を認める。
2　1の権利の行使については、法律で定める制限であって国の安全若しくは公共の安全、公の秩序、公衆の健康若しくは道徳の保護又は他の者の権利及び自由の保護のため民主的社会において必要なもの以外のいかなる制限も課することができない。

第16条
1　いかなる児童も、その私生活、家族、住居若しくは通信に対して恣意的に若しくは不法に干渉され又は名誉及び信用を不法に攻撃されない。
2　児童は、1の干渉又は攻撃に対する

法律の保護を受ける権利を有する。

第17条
　締約国は、大衆媒体（マス・メディア）の果たす重要な機能を認め、児童が国の内外の多様な情報源からの情報及び資料、特に児童の社会面、精神面及び道徳面の福祉並びに心身の健康の促進を目的とした情報及び資料を利用することができることを確保する。このため、締約国は、
　(a) 児童にとって社会面及び文化面において有益であり、かつ、第29条の精神に沿う情報及び資料を大衆媒体（マス・メディア）が普及させるよう奨励する。
　(b) 国の内外の多様な情報源（文化的にも多様な情報源を含む。）からの情報及び資料の作成、交換及び普及における国際協力を奨励する。
　(c) 児童用書籍の作成及び普及を奨励する。
　(d) 少数集団に属し又は原住民である児童の言語上の必要性について大衆媒体（マス・メディア）が特に考慮するよう奨励する。
　(e) 第13条及び次条の規定に留意して、児童の福祉に有害な情報及び資料から児童を保護するための適当な指針を発展させることを奨励する。

第18条
1　締約国は、児童の養育及び発達について父母が共同の責任を有するという原則についての認識を確保するために最善の努力を払う。父母又は場合により法定保護者は、児童の養育及び発達についての第一義的な責任を有する。児童の最善の利益は、これらの者の基本的な関心事項となるものとする。

2　締約国は、この条約に定める権利を保障し及び促進するため、父母及び法定保護者が児童の養育についての責任を遂行するに当たりこれらの者に対して適当な援助を与えるものとし、また、児童の養護のための施設、設備及び役務の提供の発展を確保する。

3　締約国は、父母が働いている児童が利用する資格を有する児童の養護のための役務の提供及び設備からその児童が便益を受ける権利を有することを確保するためのすべての適当な措置をとる。

第19条
1 締約国は、児童が父母、法定保護者又は児童を監護する他の者による監護を受けている間において、あらゆる形態の身体的若しくは精神的な暴力、傷害若しくは虐待、放置若しくは怠慢な取扱い、不当な取扱い又は搾取(性的虐待を含む。)からその児童を保護するためすべての適当な立法上、行政上、社会上及び教育上の措置をとる。
2 1の保護措置には、適当な場合には、児童及び児童を監護する者のために必要な援助を与える社会的計画の作成その他の形態による防止のための効果的な手続並びに1に定める児童の不当な取扱いの事件の発見、報告、付託、調査、処置及び事後措置並びに適当な場合には司法の関与に関する効果的な手続を含むものとする。

第20条
1 一時的若しくは恒久的にその家庭環境を奪われた児童又は児童自身の最善の利益にかんがみその家庭環境にとどまることが認められない児童は、国が与える特別の保護及び援助を受ける権利を有する。
2 締約国は、自国の国内法に従い、1の児童のための代替的な監護を確保する。
3 2の監護には、特に、里親委託、イスラム法のカファーラ、養子縁組又は必要な場合には児童の監護のための適当な施設への収容を含むことができる。解決策の検討に当たっては、児童の養育において継続性が望ましいこと並びに児童の種族的、宗教的、文化的及び言語的な背景について、十分な考慮を払うものとする。

第21条
養子縁組の制度を認め又は許容している締約国は、児童の最善の利益について最大の考慮が払われることを確保するものとし、また、
(a) 児童の養子縁組が権限のある当局によってのみ認められることを確保する。この場合において、当該権限のある当局は、適用のある法律及び手続に従い、かつ、信頼し得るすべての関連情報に基づき、養子縁組が父母、親族及び法定保護者に関する児童の状況にかんがみ許容されること並びに必要な場合には、関係者が

所要のカウンセリングに基づき養子縁組について事情を知らされた上での同意を与えていることを認定する。
(b) 児童がその出身国内において里親若しくは養家に託され又は適切な方法で監護を受けることができない場合には、これに代わる児童の監護の手段として国際的な養子縁組を考慮することができることを認める。
(c) 国際的な養子縁組が行われる児童が国内における養子縁組の場合における保護及び基準と同等のものを享受することを確保する。
(d) 国際的な養子縁組において当該養子縁組が関係者に不当な金銭上の利得をもたらすことがないことを確保するためのすべての適当な措置をとる。
(e) 適当な場合には、二国間又は多数国間の取極又は協定を締結することによりこの条の目的を促進し、及びこの枠組みの範囲内で他国における児童の養子縁組が権限のある当局又は機関によって行われることを確保するよう努める。

第22条

1 締約国は、難民の地位を求めている児童又は適用のある国際法及び国際的な手続若しくは国内法及び国内的な手続に基づき難民と認められている児童が、父母又は他の者に付き添われているかいないかを問わず、この条約及び自国が締約国となっている人権又は人道に関する他の国際文書に定める権利であって適用のあるものの享受に当たり、適当な保護及び人道的援助を受けることを確保するための適当な措置をとる。

2 このため、締約国は、適当と認める場合には、1の児童を保護し及び援助するため、並びに難民の児童の家族との再統合に必要な情報を得ることを目的としてその難民の児童の父母又は家族の他の構成員を捜すため、国際連合及びこれと協力する他の権限のある政府間機関又は関係非政府機関による努力に協力する。その難民の児童は、父母又は家族の他の構成員が発見されない場合には、何らかの理由により恒久的又は一時的にその家庭環境を奪われた他の児童と同様にこの条約に定める保護が与えられる。

第23条
1 締約国は、精神的又は身体的な障害を有する児童が、その尊厳を確保し、自立を促進し及び社会への積極的な参加を容易にする条件の下で十分かつ相応な生活を享受すべきであることを認める。
2 締約国は、障害を有する児童が特別の養護についての権利を有することを認めるものとし、利用可能な手段の下で、申込みに応じた、かつ、当該児童の状況及び父母又は当該児童を養護している他の者の事情に適した援助を、これを受ける資格を有する児童及びこのような児童の養護について責任を有する者に与えることを奨励し、かつ、確保する。
3 障害を有する児童の特別な必要を認めて、2の規定に従って与えられる援助は、父母又は当該児童を養護している他の者の資力を考慮して可能な限り無償で与えられるものとし、かつ、障害を有する児童が可能な限り社会への統合及び個人の発達（文化的及び精神的な発達を含む。）を達成することに資する方法で当該児童が教育、訓練、保健サービス、リハビリテーション・サービス、雇用のための準備及びレクリエーションの機会を実質的に利用し及び享受することができるように行われるものとする。
4 締約国は、国際協力の精神により、予防的な保健並びに障害を有する児童の医学的、心理学的及び機能的治療の分野における適当な情報の交換（リハビリテーション、教育及び職業サービスの方法に関する情報の普及及び利用を含む。）であってこれらの分野における自国の能力及び技術を向上させ並びに自国の経験を広げることができるようにすることを目的とするものを促進する。これに関しては、特に、開発途上国の必要を考慮する。

第24条
1 締約国は、到達可能な最高水準の健康を享受すること並びに病気の治療及び健康の回復のための便宜を与えられることについての児童の権利を認める。締約国は、いかなる児童もこのような保健サービスを利用する権利が奪われないことを確保するために努力する。
2 締約国は、1の権利の完全な実現を追求するものとし、特に、次のことの

ための適当な措置をとる。
(a) 幼児及び児童の死亡率を低下させること。
(b) 基礎的な保健の発展に重点を置いて必要な医療及び保健をすべての児童に提供することを確保すること。
(c) 環境汚染の危険を考慮に入れて、基礎的な保健の枠組みの範囲内で行われることを含めて、特に容易に利用可能な技術の適用により並びに十分に栄養のある食物及び清潔な飲料水の供給を通じて、疾病及び栄養不良と闘うこと。
(d) 母親のための産前産後の適当な保健を確保すること。
(e) 社会のすべての構成員特に父母及び児童が、児童の健康及び栄養、母乳による育児の利点、衛生（環境衛生を含む。）並びに事故の防止についての基礎的な知識に関して、情報を提供され、教育を受ける機会を有し及びその知識の使用について支援されることを確保すること。
(f) 予防的な保健、父母のための指導並びに家族計画に関する教育及びサービスを発展させること。
3 締約国は、児童の健康を害するような伝統的な慣行を廃止するため、効果的かつ適当なすべての措置をとる。
4 締約国は、この条において認められる権利の完全な実現を漸進的に達成するため、国際協力を促進し及び奨励することを約束する。これに関しては、特に、開発途上国の必要を考慮する。

第25条
締約国は、児童の身体又は精神の養護、保護又は治療を目的として権限のある当局によって収容された児童に対する処遇及びその収容に関連する他のすべての状況に関する定期的な審査が行われることについての児童の権利を認める。

第26条
1 締約国は、すべての児童が社会保険その他の社会保障からの給付を受ける権利を認めるものとし、自国の国内法に従い、この権利の完全な実現を達成するための必要な措置をとる。
2 1の給付は、適当な場合には、児童及びその扶養について責任を有する者の資力及び事情並びに児童によって又は児童に代わって行われる給付の申請に関する他のすべての事項を考慮して、

与えられるものとする。

第27条
1 締約国は、児童の身体的、精神的、道徳的及び社会的な発達のための相当な生活水準についてのすべての児童の権利を認める。
2 父母又は児童について責任を有する他の者は、自己の能力及び資力の範囲内で、児童の発達に必要な生活条件を確保することについての第一義的な責任を有する。
3 締約国は、国内事情に従い、かつ、その能力の範囲内で、1の権利の実現のため、父母及び児童について責任を有する他の者を援助するための適当な措置をとるものとし、また、必要な場合には、特に栄養、衣類及び住居に関して、物的援助及び支援計画を提供する。
4 締約国は、父母又は児童について金銭上の責任を有する他の者から、児童の扶養料を自国内で及び外国から、回収することを確保するためのすべての適当な措置をとる。特に、児童について金銭上の責任を有する者が児童と異なる国に居住している場合には、締約国は、国際協定への加入又は国際協定の締結及び他の適当な取決めの作成を促進する。

第28条
1 締約国は、教育についての児童の権利を認めるものとし、この権利を漸進的にかつ機会の平等を基礎として達成するため、特に、
(a) 初等教育を義務的なものとし、すべての者に対して無償のものとする。
(b) 種々の形態の中等教育（一般教育及び職業教育を含む。）の発展を奨励し、すべての児童に対し、これらの中等教育が利用可能であり、かつ、これらを利用する機会が与えられるものとし、例えば、無償教育の導入、必要な場合における財政的援助の提供のような適当な措置をとる。
(c) すべての適当な方法により、能力に応じ、すべての者に対して高等教育を利用する機会が与えられるものとする。
(d) すべての児童に対し、教育及び職業に関する情報及び指導が利用可能であり、かつ、これらを利用する機会が与えられるものとする。
(e) 定期的な登校及び中途退学率の減

少を奨励するための措置をとる。
2 締約国は、学校の規律が児童の人間の尊厳に適合する方法で及びこの条約に従って運用されることを確保するためのすべての適当な措置をとる。
3 締約国は、特に全世界における無知及び非識字の廃絶に寄与し並びに科学上及び技術上の知識並びに最新の教育方法の利用を容易にするため、教育に関する事項についての国際協力を促進し、及び奨励する。これに関しては、特に、開発途上国の必要を考慮する。

第29条
1 締約国は、児童の教育が次のことを指向すべきことに同意する。
  (a) 児童の人格、才能並びに精神的及び身体的な能力をその可能な最大限度まで発達させること。
  (b) 人権及び基本的自由並びに国際連合憲章にうたう原則の尊重を育成すること。
  (c) 児童の父母、児童の文化的同一性、言語及び価値観、児童の居住国及び出身国の国民的価値観並びに自己の文明と異なる文明に対する尊重を育成すること。
  (d) すべての人民の間の、種族的、国民的及び宗教的集団の間の並びに原住民である者の理解、平和、寛容、両性の平等及び友好の精神に従い、自由な社会における責任ある生活のために児童に準備させること。
  (e) 自然環境の尊重を育成すること。
2 この条又は前条のいかなる規定も、個人及び団体が教育機関を設置し及び管理する自由を妨げるものと解してはならない。ただし、常に、1に定める原則が遵守されること及び当該教育機関において行われる教育が国によって定められる最低限度の基準に適合することを条件とする。

第30条
種族的、宗教的若しくは言語的少数民族又は原住民である者が存在する国において、当該少数民族に属し又は原住民である児童は、その集団の他の構成員とともに自己の文化を享有し、自己の宗教を信仰しかつ実践し又は自己の言語を使用する権利を否定されない。

第31条
1 締約国は、休息及び余暇についての

児童の権利並びに児童がその年齢に適した遊び及びレクリエーションの活動を行い並びに文化的な生活及び芸術に自由に参加する権利を認める。

2　締約国は、児童が文化的及び芸術的な生活に十分に参加する権利を尊重しかつ促進するものとし、文化的及び芸術的な活動並びにレクリエーション及び余暇の活動のための適当かつ平等な機会の提供を奨励する。

第32条

1　締約国は、児童が経済的な搾取から保護され及び危険となり若しくは児童の教育の妨げとなり又は児童の健康若しくは身体的、精神的、道徳的若しくは社会的な発達に有害となるおそれのある労働への従事から保護される権利を認める。

2　締約国は、この条の規定の実施を確保するための立法上、行政上、社会上及び教育上の措置をとる。このため、締約国は、他の国際文書の関連規定を考慮して、特に、

(a)　雇用が認められるための1又は2以上の最低年齢を定める。

(b)　労働時間及び労働条件についての適当な規則を定める。

(c)　この条の規定の効果的な実施を確保するための適当な罰則その他の制裁を定める。

第33条

締約国は、関連する国際条約に定義された麻薬及び向精神薬の不正な使用から児童を保護し並びにこれらの物質の不正な生産及び取引における児童の使用を防止するための立法上、行政上、社会上及び教育上の措置を含むすべての適当な措置をとる。

第34条

締約国は、あらゆる形態の性的搾取及び性的虐待から児童を保護することを約束する。このため、締約国は、特に、次のことを防止するためのすべての適当な国内、二国間及び多数国間の措置をとる。

(a)　不法な性的な行為を行うことを児童に対して勧誘又は強制すること。

(b)　売春又は他の不法な性的な業務において児童を搾取的に使用すること。

(c)　わいせつな演技及び物において児童を搾取的に使用すること。

第35条
締約国は、あらゆる目的のための又はあらゆる形態の児童の誘拐、売買又は取引を防止するためのすべての適当な国内、二国間及び多数国間の措置をとる。

第36条
締約国は、いずれかの面において児童の福祉を害する他のすべての形態の搾取から児童を保護する。

第37条
締約国は、次のことを確保する。

(a) いかなる児童も、拷問又は他の残虐な、非人道的な若しくは品位を傷つける取扱い若しくは刑罰を受けないこと。死刑又は釈放の可能性がない終身刑は、18歳未満の者が行った犯罪について科さないこと。

(b) いかなる児童も、不法に又は恣意的にその自由を奪われないこと。児童の逮捕、抑留又は拘禁は、法律に従って行うものとし、最後の解決手段として最も短い適当な期間のみ用いること。

(c) 自由を奪われたすべての児童は、人道的に、人間の固有の尊厳を尊重して、かつ、その年齢の者の必要を考慮した方法で取り扱われること。特に、自由を奪われたすべての児童は、成人とは分離されないことがその最善の利益であると認められない限り成人とは分離されるものとし、例外的な事情がある場合を除くほか、通信及び訪問を通じてその家族との接触を維持する権利を有すること。

(d) 自由を奪われたすべての児童は、弁護人その他適当な援助を行う者と速やかに接触する権利を有し、裁判所その他の権限のある、独立の、かつ、公平な当局においてその自由の剥奪の合法性を争い並びにこれについての決定を速やかに受ける権利を有すること。

第38条

1 締約国は、武力紛争において自国に適用される国際人道法の規定で児童に関係を有するものを尊重し及びこれらの規定の尊重を確保することを約束する。

2 締約国は、15歳未満の者が敵対行為に直接参加しないことを確保するためのすべての実行可能な措置をとる。

3 締約国は、15歳未満の者を自国の軍隊に採用することを差し控えるものとし、また、15歳以上18歳未満の者の中から採用するに当たっては、最年長者を優先させるよう努める。

4 締約国は、武力紛争において文民を保護するための国際人道法に基づく自国の義務に従い、武力紛争の影響を受ける児童の保護及び養護を確保するためのすべての実行可能な措置をとる。

第39条

締約国は、あらゆる形態の放置、搾取若しくは虐待、拷問若しくは他のあらゆる形態の残虐な、非人道的な若しくは品位を傷つける取扱い若しくは刑罰又は武力紛争による被害者である児童の身体的及び心理的な回復及び社会復帰を促進するためのすべての適当な措置をとる。このような回復及び復帰は、児童の健康、自尊心及び尊厳を育成する環境において行われる。

第40条

1 締約国は、刑法を犯したと申し立てられ、訴追され又は認定されたすべての児童が尊厳及び価値についての当該児童の意識を促進させるような方法であって、当該児童が他の者の人権及び基本的自由を尊重することを強化し、かつ、当該児童の年齢を考慮し、更に、当該児童が社会に復帰し及び社会において建設的な役割を担うことがなるべく促進されることを配慮した方法により取り扱われる権利を認める。

2 このため、締約国は、国際文書の関連する規定を考慮して、特に次のことを確保する。

(a) いかなる児童も、実行の時に国内法又は国際法により禁じられていなかった作為又は不作為を理由として刑法を犯したと申し立てられ、訴追され又は認定されないこと。

(b) 刑法を犯したと申し立てられ又は訴追されたすべての児童は、少なくとも次の保障を受けること。

(i) 法律に基づいて有罪とされるまでは無罪と推定されること。

(ii) 速やかにかつ直接に、また、適当な場合には当該児童の父母又は法定保護者を通じてその罪を告げられること並びに防御の準備及び申立てにおいて弁護人その他適当な援助を行う者を持つこと。

(iii) 事案が権限のある、独立の、かつ、公平な当局又は司法機関により法律に基づく公正な審理において、弁護人その他適当な援助を行う者の立会い及び、特に当該児童の年齢又は境遇を考慮して児童の最善の利益にならないと認められる場合を除くほか、当該児童の父母又は法定保護者の立会いの下に遅滞なく決定されること。

(iv) 供述又は有罪の自白を強要されないこと。不利な証人を尋問し又はこれに対し尋問させること並びに対等の条件で自己のための証人の出席及びこれに対する尋問を求めること。

(v) 刑法を犯したと認められた場合には、その認定及びその結果科せられた措置について、法律に基づき、上級の、権限のある、独立の、かつ、公平な当局又は司法機関によって再審理されること。

(vi) 使用される言語を理解すること又は話すことができない場合には、無料で通訳の援助を受けること。

(vii) 手続のすべての段階において当該児童の私生活が十分に尊重されること。

3 締約国は、刑法を犯したと申し立てられ、訴追され又は認定された児童に特別に適用される法律及び手続の制定並びに当局及び施設の設置を促進するよう努めるものとし、特に、次のことを行う。

(a) その年齢未満の児童は刑法を犯す能力を有しないと推定される最低年齢を設定すること。

(b) 適当なかつ望ましい場合には、人権及び法的保護が十分に尊重されていることを条件として、司法上の手続に訴えることなく当該児童を取り扱う措置をとること。

4 児童がその福祉に適合し、かつ、その事情及び犯罪の双方に応じた方法で取り扱われることを確保するため、保護、指導及び監督命令、カウンセリング、保護観察、里親委託、教育及び職業訓練計画、施設における養護に代わる他の措置等の種々の処置が利用し得るものとする。

第41条

この条約のいかなる規定も、次のものに含まれる規定であって児童の権利の実

現に一層貢献するものに影響を及ぼすものではない。
  (a) 締約国の法律
  (b) 締約国について効力を有する国際法

第2部
第42条
締約国は、適当かつ積極的な方法でこの条約の原則及び規定を成人及び児童のいずれにも広く知らせることを約束する。

第43条
1 この条約において負う義務の履行の達成に関する締約国による進捗の状況を審査するため、児童の権利に関する委員会（以下「委員会」という。）を設置する。委員会は、この部に定める任務を行う。
2 委員会は、徳望が高く、かつ、この条約が対象とする分野において能力を認められた10人の専門家で構成する。委員会の委員は、締約国の国民の中から選出されるものとし、個人の資格で職務を遂行する。その選出に当たっては、衡平な地理的配分及び主要な法体系を考慮に入れる。（※1995年12月21日、「10人」を「18人」に改める改正が採択され、2002年11月18日に同改正は発効した。）
3 委員会の委員は、締約国により指名された者の名簿の中から秘密投票により選出される。各締約国は、自国民の中から一人を指名することができる。
4 委員会の委員の最初の選挙は、この条約の効力発生の日の後6箇月以内に行うものとし、その後の選挙は、2年ごとに行う。国際連合事務総長は、委員会の委員の選挙の日の遅くとも4箇月前までに、締約国に対し、自国が指名する者の氏名を2箇月以内に提出するよう書簡で要請する。その後、同事務総長は、指名された者のアルファベット順による名簿（これらの者を指名した締約国名を表示した名簿とする。）を作成し、この条約の締約国に送付する。
5 委員会の委員の選挙は、国際連合事務総長により国際連合本部に招集される締約国の会合において行う。これらの会合は、締約国の3分の2をもって定足数とする。これらの会合においては、出席しかつ投票する締約国の代表

によって投じられた票の最多数で、かつ、過半数の票を得た者をもって委員会に選出された委員とする。

6　委員会の委員は、4年の任期で選出される。委員は、再指名された場合には、再選される資格を有する。最初の選挙において選出された委員のうち5人の委員の任期は、2年で終了するものとし、これらの5人の委員は、最初の選挙の後直ちに、最初の選挙が行われた締約国の会合の議長によりくじ引で選ばれる。

7　委員会の委員が死亡し、辞任し又は他の理由のため委員会の職務を遂行することができなくなったことを宣言した場合には、当該委員を指名した締約国は、委員会の承認を条件として自国民の中から残余の期間職務を遂行する他の専門家を任命する。

8　委員会は、手続規則を定める。

9　委員会は、役員を2年の任期で選出する。

10　委員会の会合は、原則として、国際連合本部又は委員会が決定する他の適当な場所において開催する。委員会は、原則として毎年1回会合する。委員会の会合の期間は、国際連合総会の承認を条件としてこの条約の締約国の会合において決定し、必要な場合には、再検討する。

11　国際連合事務総長は、委員会がこの条約に定める任務を効果的に遂行するために必要な職員及び便益を提供する。

12　この条約に基づいて設置する委員会の委員は、国際連合総会が決定する条件に従い、同総会の承認を得て、国際連合の財源から報酬を受ける。

第44条

1　締約国は、(a)当該締約国についてこの条約が効力を生ずる時から2年以内に、(b)その後は5年ごとに、この条約において認められる権利の実現のためにとった措置及びこれらの権利の享受についてもたらされた進歩に関する報告を国際連合事務総長を通じて委員会に提出することを約束する。

2　この条の規定により行われる報告には、この条約に基づく義務の履行の程度に影響を及ぼす要因及び障害が存在する場合には、これらの要因及び障害を記載する。当該報告には、また、委員会が当該国における条約の実施について包括的に理解するために十分な情

報を含める。
3 委員会に対して包括的な最初の報告を提出した締約国は、1(b)の規定に従って提出するその後の報告においては、既に提供した基本的な情報を繰り返す必要はない。
4 委員会は、この条約の実施に関連する追加の情報を締約国に要請することができる。
5 委員会は、その活動に関する報告を経済社会理事会を通じて2年ごとに国際連合総会に提出する。
6 締約国は、1の報告を自国において公衆が広く利用できるようにする。

第45条
この条約の効果的な実施を促進し及びこの条約が対象とする分野における国際協力を奨励するため、
(a) 専門機関及び国際連合児童基金その他の国際連合の機関は、その任務の範囲内にある事項に関するこの条約の規定の実施についての検討に際し、代表を出す権利を有する。委員会は、適当と認める場合には、専門機関及び国際連合児童基金その他の権限のある機関に対し、これらの機関の任務の範囲内にある事項に関するこの条約の実施について専門家の助言を提供するよう要請することができる。委員会は、専門機関及び国際連合児童基金その他の国際連合の機関に対し、これらの機関の任務の範囲内にある事項に関するこの条約の実施について報告を提出するよう要請することができる。
(b) 委員会は、適当と認める場合には、技術的な助言若しくは援助の要請を含んでおり又はこれらの必要性を記載している締約国からのすべての報告を、これらの要請又は必要性の記載に関する委員会の見解及び提案がある場合は当該見解及び提案とともに、専門機関及び国際連合児童基金その他の権限のある機関に送付する。
(c) 委員会は、国際連合総会に対し、国際連合事務総長が委員会のために児童の権利に関連する特定の事項に関する研究を行うよう同事務総長に要請することを勧告することができる。
(d) 委員会は、前条及びこの条の規定により得た情報に基づく提案及び一般的な性格を有する勧告を行うこと

ができる。これらの提案及び一般的な性格を有する勧告は、関係締約国に送付し、締約国から意見がある場合にはその意見とともに国際連合総会に報告する。

第3部
第46条
この条約は、すべての国による署名のために開放しておく。

第47条
この条約は、批准されなければならない。批准書は、国際連合事務総長に寄託する。

第48条
この条約は、すべての国による加入のために開放しておく。加入書は、国際連合事務総長に寄託する。

第49条
1 この条約は、20番目の批准書又は加入書が国際連合事務総長に寄託された日の後30日目の日に効力を生ずる。
2 この条約は、20番目の批准書又は加入書が寄託された後に批准し又は加入する国については、その批准書又は加入書が寄託された日の後30日目の日に効力を生ずる。

第50条
1 いずれの締約国も、改正を提案し及び改正案を国際連合事務総長に提出することができる。同事務総長は、直ちに、締約国に対し、その改正案を送付するものとし、締約国による改正案の審議及び投票のための締約国の会議の開催についての賛否を示すよう要請する。その送付の日から4箇月以内に締約国の3分の1以上が会議の開催に賛成する場合には、同事務総長は、国際連合の主催の下に会議を招集する。会議において出席しかつ投票する締約国の過半数によって採択された改正案は、承認のため、国際連合総会に提出する。
2 1の規定により採択された改正は、国際連合総会が承認し、かつ、締約国の3分の2以上の多数が受諾した時に、効力を生ずる。
3 改正は、効力を生じたときは、改正を受諾した締約国を拘束するものとし、他の締約国は、改正前のこの条約の規

定（受諾した従前の改正を含む。）により引き続き拘束される。

第51条
1　国際連合事務総長は、批准又は加入の際に行われた留保の書面を受領し、かつ、すべての国に送付する。
2　この条約の趣旨及び目的と両立しない留保は、認められない。
3　留保は、国際連合事務総長にあてた通告によりいつでも撤回することができるものとし、同事務総長は、その撤回をすべての国に通報する。このようにして通報された通告は、同事務総長により受領された日に効力を生ずる。

第52条
　締約国は、国際連合事務総長に対して書面による通告を行うことにより、この条約を廃棄することができる。廃棄は、同事務総長がその通告を受領した日の後1年で効力を生ずる。

第53条
　国際連合事務総長は、この条約の寄託者として指名される。

第54条
　アラビア語、中国語、英語、フランス語、ロシア語及びスペイン語をひとしく正文とするこの条約の原本は、国際連合事務総長に寄託する。

　以上の証拠として、下名の全権委員は、各自の政府から正当に委任を受けてこの条約に署名した。

DCI（Defence for the Children International）

ジュネーブ（スイス）に本部を置く国連との協議資格を持つ国連NGO。ユニセフやユネスコなど世界の42の国際人権機関が子どもの権利条約を起草するために1979年に設立した。国連「子どもの権利委員会」と一緒に子どもの権利条約を実践する役割を担う。

CRC日本（子どもの権利条約日本）

日本が条約を批准した1994年に設立されたDCI日本の名称をCRC日本に改名し（2017年）、子どもの権利条約の実践を目的とするNGO。

国連人権センターの子どもの権利委員会担当だったフィオナ・プライス＝クボタ氏や国連「子どもの権利委員会」委員だったマルタ・サントス・パイス氏、ジュディス・カープ氏、ロタール・クラップマン氏、同委員会委員長であったジャープ・ドゥック氏ら、多数の専門家を海外より招聘し、子どもの権利条約の普及とその理念を深める努力を行ってきた。

1996年に「子どもの権利条約　市民・NGO報告書をつくる会」（「つくる会」）を立ち上げ、同会と協同して国連へのオルタナティブレポートを作成・提出、世界で初めて日本政府報告書審査時に子ども自身が意見表明する機会を提供、子どもの権利委員会との対話を実現してきた。その成果は3回にわたるすぐれた国連「子どもの権利委員会」の最終所見（132ページ参照）として結実している。

日本政府や各省庁とは子どもの現状についての話し合いを持ちつつ、「受容的な応答関係をつくる権利」としての「関係的子どもの権利論」を国内外に向けて発信し、外務省主催のシンポジウム等にも日本代表が出席、なかでも2005年に国連「子どもの権利委員会」で開かれた乳幼児期の子どもに関する一般所見では決定的な影響を与えた。また、各地のDCIセクションにおいて地域の問題にも取り組みつつ、オンブズマン活動や機関誌の発行によって面会交流や児童相談所が抱える問題、オウム真理教の一般信者の子どもたちの問題などにも関わってきた。東日本大震災発生後は、政府がすべきことをすばやくアピールとして発表、被災地の学童保育指導員等へのカウンセリングなども行った。その後も被災者への支援を継続し、完全なる学校管理下で74名の子どもが命を落とした宮城県石巻市立大川小学校の問題や福島にひまわりの種を送る支援（ひまわりプロジェクト）や自主避難した方々の現状を伝える活動などをしてきた。

[プロフィール]

木附千晶（きづき・ちあき）
　臨床心理士。CRC日本の機関誌『子どもの権利モニター』編集長。文京学院大学非常勤講師。「CAFIC（ケフィック）　子ども・おとな・家族の総合相談　池袋カウンセリングルーム」主宰。公認心理師。ジャーナリストとして活動する中で子ども問題に興味を持ち、2005年にAlliant International University/California School of Professional Psychologyを卒業。その後は主に心理臨床の世界に身を置き、社会・心理学視点を併せ持った臨床・執筆活動に取り組む。
　著書に2015年秋に全国公開となった映画『先生と迷い猫』（配給クロックワークス）の原案『迷子のミーちゃん――地域猫と商店街再生のものがたり』（扶桑社）が、共著に『教育を子どもたちのために』（岩波ブックレット）、『「こどもの権利条約」絵事典』（PHP研究所）、『お笑い裁判傍聴記』（自由国民社）、『エクササイズで学ぶ心理学――自己理解と他者理解のために』（北樹出版）などがある。手がけた本は『子どもが語る施設の暮らし』『子どもが語る施設の暮らし２』・『わたしたち里親家族！』（いずれも明石書店）など。「オウムの子どもたちの一時保護を検証する」で第12回『週刊金曜日ルポルタージュ大賞』入選。

福田雅章（ふくだ・まさあき）
　一橋大学名誉教授。CRC日本代表。弁護士。専門は刑事法、少年法、医事法、子どもの権利等。ハーバード大学ロースクールで学び、日本法ゼミを担当。大阪大学、カリフォルニア大学バークレイ校、エディンバラ大学や山梨学院大学ロースクールほかで教鞭を執るかたわら、報道番組等で人権問題に詳しいコメンテーターとして活躍。オウム真理教への破壊活動防止法適用をめぐる弁明手続きでオウム側立会人となったり、「子どもの権利条約　市民・NGO報告書をつくる会」で共同代表（2014年まで）となるなど実践的活動も多い。国連特別総会日本政府代表団顧問（2000年）、DCIジュネーブ本部理事（2002年）なども務めた。
　著書に『日本の社会文化構造と人権――"仕組まれた自由"のなかでの安楽死・死刑・受刑者・少年法・オウム・子ども問題』（明石書店）、『人間回復の理論と現実　原発事故から４年目のふくしま』（NPO法人シャローム）ほか。共著・監修書に『安楽死』（クリエイティブ社）、『国際人権基準による刑事手続ハンドブック』（青峰社）、『子どもの人権を考える』（第三文明社）、『「こどもの権利条約」絵事典』（PHP研究所）など。編集を手がけた本は『"豊かな国"日本社会における　子ども期の喪失』・『子ども期の回復――子どもの"ことば"をうばわない関係を求めて』（いずれも花伝社）など。

[問合せ先]
CRC日本 子どもの権利オンブズマン委員会

（1）子どもにかんすることで弁護士や臨床心理士など専門家に相談したいとき、（2）CRC日本の活動に興味があるときには、下記までお問い合わせください。

〒168-0081　東京都杉並区宮前1-14-3
TEL. 03-5941-9560　　FAX. 03-5941-9561
office@crc-japan.org
http://crc-japan.org

子どもの力を伸ばす
子どもの権利条約ハンドブック

2016年2月5日　第1刷発行　　2023年1月20日　第6刷発行

著者：木附千晶（臨床心理士）／福田雅章（一橋大学名誉教授）
監修：CRC日本（Convention on the Rights of the Child, Japan）

発行者　石井 悟
発行所　株式会社自由国民社
　　　　〒171-0033　東京都豊島区高田3-10-11
　　　　TEL　03-6233-0781（営業部）
　　　　　　03-6233-0788（編集部）
　　　　FAX　03-6233-0791

イラストレーション　　高橋和枝
装幀・本文デザイン　　白畠かおり
本文DTP　有限会社中央制作社
編集協力　朝日明美

印刷　大日本印刷株式会社
製本　新風製本株式会社

© Chiaki Kizuki, Masaaki Fukuda, Printed in Japan 2016

・落丁本、乱丁本はお取り替えいたします。
・本書の全部または一部の無断複製（コピー、スキャン、デジタル化等）・転訳載・引用を、著作権法上での例外を除き、禁じます。ウェブページ、ブログ等の電子メディアにおける無断転載等も同様です。これらの許諾については事前に小社までお問合せ下さい。
・また、本書を代行業者等の第三者に依頼してスキャンやデジタル化することは、たとえ個人や家庭内での利用であっても一切認められませんのでご注意下さい。